Du même auteur

Dictionnaire de l'anglais des métiers du tourisme, Pocket, Paris, 1995

Cours de pratique du français oral, 2 vol., Messeiller, Neuchâtel, 1996

Dictionnaire du Rugby: français-anglais, anglais-français, La Maison du dictionnaire, Paris, 1998

Dictionnaire explicatif des verbes français, La Maison du dictionnaire, Paris, 1998

Le Village magique, roman, Les Iles futures, Pully, 2001

Les Roses du château, recueil de nouvelles, Les Iles futures, Pully, 2004

Pratique de la conjugaison expliquée, Voxlingua, Leysin, 2006

Comment écrire une composition : 50 modèles pour apprendre à structurer un texte, Voxlingua, 2006

Explanatory Dictionary of Spanish verbs, Voxlingua, 2006

Práctica de la conjugación española, Voxlingua, 2006

© 2004, Voxlingua
Dépôt légal effectué en Suisse : juin 2006

© 2019 Bertrand Hourcade

Edition ; Book on Demand,
12/14 rond-point des Champs-Elysées, 75008 Paris
Impression : BoD - Books on Demand, Norderstedt, Allemagne
ISBN : 9782322137862
Dépôt légal : novembre 2019

Bertrand Hourcade

Le don du pardon

Drame

Personnages

Jean-Paul II
Ali Mehmet Agça
Cardinal Ratzinger, *futur pape Benoît XVI*
Camerlingue, *cardinal Eduardo Martinez Somalo*
Fatima, *sœur d'Ali Mehmet Agça et d'Adnan*
Adnan, *frère d'Ali et de Fatima*
Sœur Euphrazya, *en charge de la correspondance de Jean-Paul II*
Sœur Tobiana, *infirmière de Jean-Paul II*
Sœur Germania, *cuisinière de Jean-Paul II*
Selçuk, *cousin de Fatima*
Beat, *garde pontifical*
Hans, *garde pontifical*
Klaus, *garde pontifical*
Geôlier
Groupe de pèlerins polonais
Groupe d'hommes
Un conseiller

Note : les passages de la pièce qui sont soulignés correspondent à des paroles ou à des textes véridiques.

ACTE I

Sur une place de Malatya, en Anatolie.

Scène 1

FATIMA, SELÇUK

Fatima — Quelle journée ! Quelle chaleur étouffante ! Les portes de l'enfer ont dû rester ouvertes depuis leur dernière utilisation.

Selçuk — On peut dire cela si l'on veut. Mais moi je pense que l'enfer est trop loin d'ici pour être affecté par le temps atmosphérique.

Tous deux se mettent à l'ombre d'un édifice.

Fatima — L'enfer n'est pas si loin que tu le crois. En fait, il est à chaque pas que tu fais, mon brave.

Selçuk — Laisse donc l'enfer et parle-moi plutôt de toi. Comment vas-tu ? Il y a longtemps que je ne t'ai vue, cousine.

Fatima — Ma vie suit la routine la plus complète possible.

Selçuk — Alors, tu dois t'ennuyer à mourir.

Fatima — Pas du tout ! Je ne m'ennuie pas car la routine me plaît. Dans un pays où il fait toujours beau, où les couleurs naturelles sont un émerveillement pour les yeux, où la terre fertile nous donne sans compter, l'âme aspire à se laisser couler dans une attitude de reconnaissance et de vénération.

Selçuk — La routine, il n'y a rien de pire.

Fatima — Le seul fait de ne pas avoir d'imprévu, de vivre sans pression, d'aller sans stress, sans angoisse, je trouve cela très agréable. Mais il faut travailler dur pour acquérir cet état d'esprit de détachement et pour arriver à vivre ainsi. Car tout dans la société d'aujourd'hui nous attire vers l'action, vers le gain, vers l'intérêt. Ne crois pas que la routine est le simple fait de ne rien faire. C'est beaucoup plus complexe que cela.

Selçuk — Je comprends mal ce que tu me dis. Ma vie n'a rien de routinier et je ne l'échangerais pas pour la tienne. Tu es bien la seule personne que je connaisse à vanter la routine et à lui trouver des aspects positifs. C'est bien des histoires de femmes que tu me racontes là. Un homme n'est pas fait pour la routine. Il lui faut de l'exceptionnel !

Fatima — Ce que les autres pensent m'importe peu. On peut très bien avoir raison contre tout le monde. Et j'insiste à te dire que la vie la mieux vécue est la vie simple et tranquille. Ah ! Être, oui être et rien d'autre !

Selçuk — Des goûts on ne discute pas. Je ne vais donc pas m'évertuer à te faire voir l'autre aspect de la vie où le fait d'être constamment en mouvement et en haleine permet de s'évader du carcan dans lequel on tombe trop facilement. Moi, je suis pour l'action. Oui, agir avant tout.

Acte I, scène I

Fatima	Nous avons des positions vraiment opposées.
Selçuk	Oui, et je vais donc te laisser pour lire mon journal.
Fatima	Tu vois, tu es le premier à tomber dans la routine en lisant ton quotidien qui t'accapare chaque jour plus de deux heures. Ta vie me semble bien un peu contradictoire avec tes grandes théories. Moi, je vais me retirer pour aller tricoter un châle pour ma belle-mère.

Elle s'éloigne en riant et en le taquinant.

Selçuk	Ah la la ! Comment lui dire la nouvelle atroce ! Je n'ose pas, mon cœur fond rien qu'à y penser. Et pourtant, si je ne lui dis pas le premier, elle apprendra quand même la nouvelle, et probablement de la bouche de personnes qui ne la ménageront pas. Ah ! Que faire ? Que faire ?

Il crie soudain.

Selçuk	Fatima ! Fatima ! Reviens ! J'ai oublié de te dire...

Fatima revient sur ses pas.

Fatima	Tu m'as rappelée ? Tu crains déjà la monotonie en étant seul ?
Selçuk	Écoute, cesse de plaisanter. J'ai quelque chose d'important à te dire !

Il fait plusieurs pas de gauche et de droite.

Fatima	Et bien, vas-y ! Je t'écoute !
Selçuk	Ce n'est pas facile. C'est... au sujet de ton frère, Ali.
Fatima	Ali ? Il y longtemps que je n'ai pas eu de nouvelles de lui.
Selçuk	Des nouvelles, j'en ai justement à son sujet.
Fatima	Ah oui ? Et bien dis-moi donc ! Comment va ce grand coquin ?
Selçuk	Il fait beaucoup parler de lui, comme toujours.
Fatima	Il est animé d'un zèle militant qui le place au-dessus de nos contingences triviales.
Selçuk	Peut-être bien, mais je me demande s'il n'exagère pas un peu, s'il ne fait pas preuve de trop de zèle.
Fatima	Le zèle, c'est bien la marque d'Ali.
Selçuk	Oui, mais quand ce zèle confine à l'aveuglement fanatique...
Fatima	Pourquoi dis-tu cela ? Ce n'est pas bien de parler de lui ainsi. Ce n'est pas dans ton habitude de critiquer mon frère. Tout ce qu'il a fait jusqu'à maintenant, tu en as toujours été un partisan sans restriction.

Selçuk	Jusqu'à maintenant c'est vrai. Mais je crains qu'il ne soit allé trop loin. Il a vraiment franchi la ligne rouge cette fois-ci.
Fatima	Mais que sais-tu donc ? Dis-moi, dis-le moi !
Selçuk	Ce qu'il a fait est tellement énorme que c'est à la une des quotidiens d'aujourd'hui. Tout le monde va en parler ici, mais aussi partout dans le monde : le nom de ton frère et de ta famille vont être prononcés, vont être connus et aussi vont être dénigrés et haïs.
Fatima	Mais que me dis-tu ? C'est toi qui exagères cette fois-ci !

Il déplie son journal et lui montre le titre de la première page.

Selçuk	Regarde ! Ça y est ! Son nom est déjà à la une ! Quel malheur ! Quel malheur pour nous tous ! Qu'Allah ait pitié de nous !

Il lui laisse le journal entre les mains et sort en dodelinant de la tête.

ACTE I

Scène 2

FATIMA

Fatima déplie le journal en grand. Elle regarde le titre et a un haut le corps. Elle commence alors à lire.

Fatima   « *Alors qu'il traverse la place Saint-Pierre dans sa Jeep blanche découverte pour se rendre à l'audience générale du mercredi, le Pape Jean-Paul II s'écroule sous les balles d'un pistolet Browning. Sa « campagnola » rouge de sang, le pape s'effondre dans sa voiture devant plus de 20.000 fidèles rassemblés sur l'immense esplanade. L'agresseur, un jeune Turc prénommé Ali Mehmet Agça...*

Ali, mon frère ! Mon frère ? Est-ce possible ? Quoi ! Toi, attenter à la vie du pape, de Jean-Paul II ? Le chef des chrétiens ! Mais c'est une infamie ! C'est un acte sacrilège !

Elle baisse les bras en signe de découragement.

Comment a-t-il pu se lancer dans une telle entreprise, manigancer une telle trame ? Oser attenter à la vie d'un chef religieux !

Elle tombe lourdement sur un banc et branle de la tête.

Ah ! Je voyais bien qu'il prenait une pente glissante depuis un certain temps.

Enfin, elle reprend sa lecture.

Sur les quatre balles tirées, trois balles ont touché le Saint-Père : l'une a traversé l'abdomen, l'autre a touché la main gauche et la troisième le bras droit... ».

Fatima reste abasourdie devant la page du journal déployée devant elle. Après un long moment d'hébétude, elle finit par articuler :

Ah ! Mon frère ! Ali, qu'as-tu fait ? Quatre balles ! Quatre balles tirées sur ce pauvre homme ! Quel crime abominable ! Quelle barbarie ! Ali ! Dans quel chemin t'es-tu engagé ?

Elle laisse choir le journal dans un geste de désespérance.

Ali ! Pourquoi ? Qu'est-ce qui t'a soudain pris ? Qu'est-ce qui t'a motivé à faire de telles choses ? Tu viens de ruiner ta vie ! Tu n'apprendras donc jamais rien ! Déjà petit, tu donnais du fil à retordre à papa et maman.

Elle reste pensive quelques instants.

Je m'en souviens ! Tu étais naturellement hâbleur, bagarreur, tu aimais en remontrer, tu ne pliais pas à l'autorité. Tu n'as jamais su obéir.

Elle fait quelques pas lentement, s'appuie contre le tronc d'un arbre.

Puis tu as quitté la maison et nous avons perdu ta trace jusqu'à ce qu'on apprenne que tu avais déserté. As-tu même imaginé ce que cela nous a fait ? Déserter de notre grande armée turque ! C'était le déshonneur que tu apportais sur notre maison.

Elle reste songeuse quelques instants, perdue dans les souvenirs.

Et puis la grande mauvaise nouvelle est arrivée : tu étais devenu un meurtrier ! Toi, mon frère, assassiner quelqu'un, un journaliste, pour de simples divergences politiques ! Tuer pour une différence d'opinion ! Oh non, non !

Elle sanglote à chaudes larmes.

C'est alors que j'ai su que nous te perdions à tout jamais. Tu venais de franchir un cap dangereux, tu entrais dans un tourbillon vertigineux, tu étais devenu un « loup gris ». Je ne savais même pas ce qu'étaient ces loups jusqu'à ton acte si horrible, si effrayant que toute la famille a désapprouvé. Tu as donc, de ton plein gré, voulu rompre avec nous, ta famille, tes amis, ton pays, la Turquie, ta mère nourricière. Et maintenant, tu ajoutes à l'horreur de ton meurtre politique l'ignominie du fanatisme religieux.

On entend un bruit de pas d'un groupe de personnes.

Vite, il faut que je parte. Je ne veux pas rester ici. Je dois trouver Adnan !

Comme elle sort de la place, entre un groupe d'hommes dans l'angle opposé.

ACTE I

Scène 3

UN GROUPE D'HOMMES, ADNAN, VOIX DE FEMME

Un homme	Mes amis, vous avez appris la nouvelle ? L'incroyable action du fils Agça ! Le monde entier va entendre parler de Malatya, tous les yeux vont se braquer vers nous !
Un 2e homme	C'est l'heure de gloire de notre ville ! Nous allons être enfin connus et reconnus ! Depuis les Croisades, il ne s'est rien passé d'important ici. On va ainsi renouer avec un passé glorieux.
Un 3e homme	Je ne vois pas ce qu'il y a de glorieux dans ce dont nous discutons et qui nous rassemble ici aujourd'hui. Ce n'est pas à la gloire de Malatya de compter parmi ses enfants une brebis galeuse.
Le 2e homme	Au contraire, ceci est une revanche de l'Histoire. Pendant de longs siècles, l'Occident chrétien est venu sur nos terres répandre le feu et le sang. Les armées de croisés ont ravagé nos terres et ont apporté leur lot de misères jusqu'à notre province de Malatya. Tout cela a été imposé à notre peuple. Il faut que l'Occident sache et n'oublie pas les méfaits qu'il nous a infligés.
Le 3e homme	Tout cela est de la rhétorique et je ne vois pas en quoi ce pape-ci est concerné par tout ce que tu racontes.
Le 2e homme	Ce pape-ci est l'incarnation même de ce que je dis. C'est le chef de cette église qui a envoyé toutes ces croisades contre nous.

Entre en scène un autre homme qui avance vers le groupe.

Le 1er homme	Adnan ! Nous sommes heureux de te voir. Figure-toi que nous parlions justement de ton frère Ali ! Que penses-tu, toi, Adnan ? Tu connais bien Ali, tu as sûrement quelque chose à dire ?

Adnan vers qui tous les regards se tournent baisse la tête et reste silencieux.

Le 2e homme	Adnan, ton frère a aujourd'hui droit à notre reconnaissance : il a accompli un haut fait !
Le 3e homme	Honte à toi de parler ainsi ! Tes affirmations n'engagent que toi. Je tiens à te signaler que je considère Ali indigne après ce crime infâme qu'il vient de commettre.

Un murmure d'approbation parcourt le petit groupe.

Le 2e homme	Vous oubliez que notre révolution n'est pas finie. La lutte armée doit continuer. Ali a toujours montré le chemin dans ce domaine-là. Rappelez-vous ce qu'il a fait. Il a libéré notre pays de la voix d'Abdi Ipekçi, ce journaliste gauchiste !

Acte I, scène 3

Le 3ᵉ homme	Oui, il a assassiné Abdi Ipekçi ! Et alors ? Il n'y a rien de noble à imposer ses idées par la force. De plus, Ali n'avait aucune orientation politique. Je suis convaincu que c'est pour l'argent qu'il a agi. Il a tué par intérêt !
Le 1ᵉʳ homme	Comment pouvez-vous prouver tous deux ce que vous dites ? Vous êtes vous-mêmes prisonniers de vos propres préjugés dans votre jugement sur Ali.
Le 2ᵉ homme	Ce que je dis est vrai, c'est un fait authentique. Personne ne met en doute son implication dans le meurtre du journaliste. Et n'oubliez pas la menace qui pèse sur notre société islamiste : nous sommes en passe d'être occidentalisés. Ali a senti cela et …
Le 3ᵉ homme	Ali n'est qu'une crapule qui jette l'opprobre sur nous tous. D'ailleurs, sa désertion de l'armée ne parle pas en sa faveur.
Adnan	Ecoutez-moi tous ! Je vous en supplie ! Restons unis ! Je ne veux pas que le nom de mon frère soit cause de dissension parmi nous. Moi-même désapprouve totalement le dernier acte d'Ali, cet attentat contre le pape. Les chrétiens ne doivent pas être nos ennemis. Nous devons vivre en paix avec eux. Il faut enterrer le passé et repartir d'un pied nouveau. L'acte d'Ali est un pas en arrière. Je ne comprends pas ce qui a pu le motiver à entrer dans un tel plan. Non, je ne comprends vraiment pas ce geste.
Le 1ᵉʳ homme	Je suis bien de ton avis et comme toi, je me désolidarise d'Ali en cela.
Adnan	Mais je ne réprouve pas tout ce qu'il a fait avant et en particulier je comprends son engagement politique. Ali est un homme qui agit d'après des convictions fermement ancrées en lui. Il agit en fonction d'opinions fortes et je ne suis pas d'accord avec cette idée qu'il n'a pas d'orientation politique. En fait, Ali est motivé pour faire changer les choses. Il croit fortement que son action peut amener un progrès. Et cela est tout à son honneur.
Le 2ᵉ homme	Je suis bien d'accord avec toi. Mais tu juges quand même ton frère trop sévèrement. Ce qu'il a fait dans ce cas-ci …

Adnan lui coupe la parole

Adnan	…est impardonnable ! A qui veut trop prouver, tout devient impossible.
Le 2ᵉ homme	Son geste est excessif, mais non pas condamnable.
Adnan	Tu parles trop, ami. Avec ce genre de discours, tu enflammes la haine de nos compatriotes, tu soulèves un foyer de braises, tu ressuscites la guerre religieuse et tu relances l'idée de la Jihad.

Acte I, scène 3

Le 2e homme	Mais précisément, c'est parce que ce pape sur qui Ali a tiré n'est autre que le chef de cette église qui a envoyé les croisades contre nous. C'est le nouveau commandeur des croisés. Le geste d'Ali s'inscrit dans une défense de notre droit et de notre existence. Je te rappelle que notre ville Malatya a déjà vécu les souffrances des guerres des croisés. Godefroy de Bouillon et Bohémond de Tarente qui fut fait prisonnier ont tous deux assiégé notre ville.
Le 1er homme	Cela est vrai et il ne faut pas oublier d'ailleurs que suite à ces incursions sur notre sol, bon nombre de nos citadins ont aujourd'hui du sang étranger dans leurs veines.
Adnan	Ceci ne fait que me renforcer dans mes convictions : les chrétiens ont été nos ennemis mais aujourd'hui, ils ne le sont plus. Le pape est un homme pacifique. Il l'a prouvé en maintes occasions. Aucune haine ne sort de sa bouche. Il appelle les hommes à s'aimer, il les incite à l'amour, à la paix. Il n'a rien à voir dans ce débat et…

A ce moment, on entend une voix de femme au loin.

Voix de femme	Adnan ! Adnan !

ACTE I

Scène 4

ADNAN, FATIMA, UN GROUPE D'HOMMES

Fatima arrive en courant. Essoufflée, elle s'arrête pour reprendre son souffle.

Adnan	Fatima, je suis ici. Que me veux-tu ? Que peut-il y avoir de si important pour que tu viennes me relancer ici, jusque sur la place publique ?
Fatima	Une grande nouvelle. Tu ne sais pas encore. Un miracle s'est produit.

Elle s'arrête, encore tout essoufflée.

Adnan	Un miracle ? De quoi parles-tu donc ?
Fatima	Le Prophète n'a pas permis, le Prophète est sage et a protégé notre frère Ali. Inch'Allah !
Adnan	Mais peux-tu donc me dire ce qui se passe ?
Fatima	Le pape ! Jean-Paul II !
Adnan	Oui, nous sommes au courant, Fatima.

Il la prend par le bras.

Fatima	Mais, Adnan, le pape, il n'est pas mort !

Un murmure parcourt le groupe d'hommes.

Un homme	Es-tu sûre de ce que tu dis ? D'après les premières nouvelles, il a été annoncé mort.
Fatima	Oui, je sais. Et c'est bien pour cela que je suis venue jusqu'ici. Je venais à peine d'arriver à la maison lorsque la radio a annoncé que, suite à l'opération qu'il a subie, il est maintenant hors de danger.
Adnan	C'est le dessein d'Allah que cet homme ne meure pas. Inch'Allah !
Fatima	Mère veut te parler. Elle a besoin de toi à la maison.
Adnan	Que veut-elle donc ?
Fatima	Elle a vu, dans ce miracle, la main d'Allah. Elle pense que nous devons, en tant que famille, agir.
Adnan	Ah oui ? Et faire quoi donc ?
Fatima	Elle veut…

Fatima hésite un moment, regarde les autres hommes avant de se lancer.

Fatima	Elle veut prendre contact avec le pape. Elle pense que c'est notre devoir et aussi que c'est notre destin.

Acte I, scène 4

Adnan	Prendre contact avec… Mais c'est un chrétien ! C'est le chef des chrétiens catholiques.
Fatima	Il est maintenant, que nous le voulions ou non, étroitement associé à la vie de notre famille.
Adnan	Écoute petite sœur. J'ai besoin de réfléchir. Rentre et dis à notre mère que je viendrai quand j'aurai eu le temps de penser à tout cela.
Fatima	Très bien. Mais ne sois pas trop long. Ta présence à la maison est attendue.

Fatima s'en retourne à pas pressés.

Un homme	Alors Adnan ! Te voila apparenté au pape maintenant ? Peut-être qu'il va devenir ton meilleur ami, ton frère ?
Adnan	Ta raillerie ne m'atteint pas. Allah a voulu que le destin de cet homme croise le mien et celui de ma famille. Tu devrais voir cela de toi-même et respecter ce que le ciel nous envoie.
Un 2e homme	Oui, tu as raison Adnan. Il faut voir ce qui peut ressortir de cela. Après tout, le pape ne nous a rien fait directement. Il est la victime dans cette affaire. C'est Ali l'agresseur quand même.
Le 1er homme	Le pape est un infidèle !
Adnan	Le pape est un infidèle ? Qu'est-ce que ce genre d'affirmation t'apporte, hein ? Mon pauvre ami. Tu auras fait un grand pas le jour où tu comprendras ce qu'est la notion de tolérance envers les tiens et envers les étrangers, oui un très grand pas.

Adnan s'assoit à même le sol, la tête dans les mains, dans une attitude de profonde méditation. Les hommes se retirent les uns après les autres, le laissant seul.

ACTE I

Scène 5

ADNAN

Adnan   Ainsi il n'est pas mort !

Il marche de long en large en proie à un vif sentiment.

         Est-ce un bon ou un mauvais présage ?

A ce moment-là, la voix du muezzin appelle du minaret. Adnan tombe à genoux.

         Tu appelles, je suis là.

Il se penche et se prosterne en avant, face contre terre et fait ses prières. Enfin, après un long moment, il s'assoit sur ses talons et prend une attitude songeuse.

         Tu as voulu que cet homme vive. Cet homme est proche de toi, je le sens. Il doit rayonner de lui une émanation de toi. S'il vit, c'est que tu l'as voulu. Inch'Allah ! Ma mère a donc raison de vouloir entrer en contact avec lui. Il fait partie de notre destin, que nous le voulions ou non. Ali a été l'instrument de cette alliance.

Il reste silencieux quelques instants.

         Que la vie est étrange tout de même ! Nous, une simple famille turque, du fin fond du pays, inconnue, mésestimée, pauvre, sans aura, avec comme seule notoriété la mauvaise réputation de mon frère Ali que tout le monde - hélas - connaît, voilà que nous sommes tout soudain projetés dans un univers différent, dans une strate supérieure, à travers un tourbillon d'événements aussi inattendus qu'angoissants. Et tout cela, par l'entremise du bras d'Ali ! Ali ! Ali ! je te conjure de méditer un peu sur tout ce que tes actes impliquent non seulement pour toi mais aussi pour les tiens et plus que cela même, pour ton pays, pour l'Islam. Tu es trop entier, tu veux tout prouver, tu veux toujours aller au fond des choses en emportant tout sur ton passage. Ce n'est pas cela la vie ! Ce n'est pas cela que le Prophète nous commande de faire. Et cette fois, pour la première fois, tu me forces à te désapprouver, et ce violemment même car jamais je ne cautionnerai une action comme celle que tu as commise. Jamais !

Il se relève.

         Avec l'acte monstrueux que tu viens d'accomplir, nous sommes maintenant arrivés à la croisée de nos destins. Je ne peux que souffrir de voir la voie que tu empruntes. Il ne te reste plus qu'une solution, si tu en es capable : c'est la repentance totale et immédiate. Tu n'as pas d'autre alternative.

Acte I, scène 5

Il fait quelques pas.

> Quant à moi, je m'en vais oeuvrer pour que le monde n'associe ni ta famille, ni ton pays, ni ta religion au jugement dépréciatif qu'il va nécessairement porter sur toi.

Il s'éloigne à pas lents, l'air abattu, les épaules voûtées. Il marmonne encore entre ses dents.

> Tu as vraiment dépassé la ligne rouge, Ali. Pourquoi ? Pourquoi une telle extravagance ? Pourquoi une telle absurdité ?

ACTE II

À la polyclinique Gemelli, quelques jours plus tard

Une chambre occupe la majeure partie de la scène. Sur le côté droit, on voit deux gardes suisses postés à l'extérieur de la chambre et qui en gardent l'entrée. Dans le fond se devine un lit dans la pénombre. Sur le devant de la scène se trouvent deux chaises dont l'une est occupée par une religieuse.

Scène 1

HANS, BEAT

Les deux gardes, HANS et BEAT, sont vêtus d'un uniforme bleu et or ; ils arborent un casque au plumet rouge cramoisi et portent une hallebarde.

HANS   À peine une semaine que le serment des recrues a eu lieu ! Comme le temps passe !

BEAT   Oh oui alors ! Comme chaque année, le 6 mai est une fête spéciale et toute la communauté suisse de Rome est en effervescence. Tu l'as bien vu, cette année, la presse a relevé qu'il y avait encore plus de monde que les années précédentes.

HANS   J'ai l'impression, depuis que je suis au Vatican, de vivre dans un monde en dehors du temps.

BEAT   C'est qu'il y a eu tant de choses récemment ! Moi qui suis ici depuis près de 15 ans, je n'ai jamais vécu une semaine comparable à celle qui vient de s'achever. Et dire que j'espérais finir tranquillement ma carrière !

HANS   Pour moi, c'est le contraire. Je finis ma première semaine de vie active dans la Garde pontificale, et à quoi ai-je eu droit ? Tu te rends compte ! Un attentat contre la vie du pape !

BEAT   Il est certain que, comme coup d'essai, c'est vraiment un coup remarquable.

HANS   D'abord, il y a eu cette cérémonie du serment des recrues. Ce jour-là était pour moi comme l'accession au ciel. Je venais de vivre un rêve éveillé, car depuis de longues années, mon but était de devenir garde pontifical, comme mon père et mon grand-père. Oui, vraiment, ce jour-là a été béni pour toute ma famille.

BEAT   Tu ne savais pas, alors, que le serment que tu faisais allait être très vite mis à rude épreuve !

HANS   Tu l'as dit ! Moins d'une semaine plus tard, nous avons vécu ce jour atroce pour le Vatican, cet attentat monstrueux contre le Saint-Père. Jamais je n'aurai imaginé pareil drame.

Acte II, scène 1

BEAT	La vie est ainsi. Tu es ébranlé dans tes belles certitudes sur ton rôle ici et c'est bien normal. Mais imagine aussi les affres dans lesquelles se débat actuellement la Garde suisse pontificale.
HANS	Oui, j'ai entendu beaucoup de choses ces jours-ci. Il va sûrement y avoir un grand nettoyage.
BEAT	Non seulement un grand nettoyage, mais un balayage radical. La Garde est ébranlée et a perdu confiance à cause de cet attentat. Les choses vont changer.
HANS	Cela est absolument nécessaire et ne peut qu'être bénéfique car on a pu voir très clairement les limites du système actuel.
BEAT	J'ai entendu répéter que si les gardes avaient fait face à la foule, au lieu de lui tourner le dos pour être face au Saint-Père dans un hommage respectueux, ils auraient très probablement vu le meurtrier et auraient pu l'empêcher d'agir.
HANS	C'est très possible car la posture des gardes, si elle est très solennelle, n'est pas très efficace. Je n'ai moi-même rien vu car, au moment du drame, j'étais de garde à l'intérieur du Vatican. Je n'ai entendu que les coups de feu et une sorte de frémissement qui a suivi, c'était vraiment bizarre, comme le bruissement du vent dans les branches.
BEAT	Je peux te dire qu'il n'y avait pas de vent dans les branches à ce moment-là. Au contraire, l'atmosphère est devenue subitement étouffante, suffocante même. Mais il y a bien eu un autre bruit, celui que tu décris et qui a monté lentement en puissance. Il provenait des pleurs des gens, des scènes de panique noyées dans les groupes de prières. Tout cela a progressivement influé sur la foule qui s'est agenouillée et s'est mise à prier Dieu de préserver son berger.
HANS	Il est permis de penser que cette marée de prières a certainement aidé le Saint-Père à survivre.

Une personne s'approche de la porte de la chambre.

    Ola ! Qui va là ?

ACTE II

Scène 2

BEAT, HANS, SŒUR GERMANA

Sœur Germana	Ce n'est que moi, sœur Germana, la cuisinière du pape.
Beat	Ah ! Sœur Germana ! Comment allez-vous ?
Sœur Germana	Je vais bien. Mais comment va notre malade ?
Beat	Pour l'heure, il dort.
Sœur Germana	Tant mieux. Il a tant besoin de repos.
Beat	Vous pouvez passer, ma sœur. Et excusez le ton un peu rude de mon collègue.
Sœur Germana	Oh ! Il est tout excusé. Après ce qui s'est produit, il est normal d'être sur le qui-vive.

Sœur Germana entre dans la chambre.

ACTE II

Scène 3

SŒUR TOBIANA, SŒUR GERMANA, JEAN-PAUL II

Au moment où sœur Germana entre dans la chambre, une autre religieuse, sœur Tobiana, assise sur l'une des chaises, se lève. Toutes deux sont de la congrégation des Servantes du Sacré-Coeur de Jésus et portent un habit noir et une ceinture blanche, un voile noir à coiffe blanche et un coeur brodé sur la poitrine.

Sœur Tobiana	Ah ! C'est vous sœur Germana !
Sœur Germana	Oui, je suis venu pour prendre des nouvelles du Saint-Père et savoir s'il désire manger quelque chose.
Sœur Tobiana	Pour le moment, il somnole. Il faut le laisser se réveiller naturellement.
Sœur Germana	Oui, bien sûr. A-t-il parlé depuis mon départ ? Ah ! Mon Dieu ! Quelle situation insupportable !

Elle joint les mains et prend une attitude de recueillement intense en inclinant la tête.

Sœur Tobiana	Allons ! Allons ! Pas de panique. Vous avez entendu le médecin. Il est optimiste quant à l'évolution de la santé de notre malade.
Sœur Germana	Oui, je l'ai bien entendu. Mais la médecine n'est pas un art infaillible, et nous savons bien tous que les diagnostics sont souvent erronés.
Sœur Tobiana	Il faut savoir tout de même faire confiance à nos médecins.
Sœur Germana	Certes, mais j'ai peur d'autre chose. Pour honnête que soit ce médecin, pensez-vous réellement qu'il puisse dire exactement ce qu'il pense ? Pour moi, il est soumis non seulement au secret professionnel mais également dans le cas présent au secret d'état. On ne parle pas d'un pape comme d'un simple patient. Aussi avons-nous bien des raisons d'être soucieuses.
Sœur Tobiana	Je vous trouve vraiment par trop pessimiste, sœur Germana. Mais je comprends un peu votre inquiétude. Je vous invite donc à vous joindre à moi pour réciter une dizaine de chapelet pour la santé de notre Saint-Père.
Sœur Germana	Oh oui ! Avec joie !

Toutes deux se mettent à genoux et se tournent vers un crucifix pendu au mur.

Acte II, scène 3

En chœur	« *Notre père qui êtes aux cieux, que votre nom soit sanctifié, que votre règne vienne, que votre volonté soit faite sur la terre, comme au ciel. Donnez-nous aujourd'hui notre pain de ce jour, pardonnez-nous nos offenses comme nous pardonnons aussi à ceux qui nous ont offensés et ne nous soumettez pas à la tentation mais délivrez-nous du mal, ainsi soit-il.*
	Je vous salue, Marie, pleine de grâces, le Seigneur est avec vous, vous êtes bénie entre toutes les femmes et Jésus le fruit de vos entrailles est béni. Sainte Marie, mère de Dieu, priez pour nous pauvres pécheurs, maintenant et à l'heure de notre mort, ainsi soit-il.

Je vous salue, Marie, pleine de …

Une voix	<u>Avons-nous dit complies ?</u>
	Sœur Germana et sœur Tobiana se regardent l'une l'autre, interloquées. Puis elles dirigent leurs regards vers le lit dans le fond de la pièce.
Sœur Tobiana	Ma sœur, vous avez entendu ?
La voix	Marie ! Pleine de grâces, vous avez veillé sur votre fidèle serviteur et sur votre pays d'élection, notre glorieuse Pologne.
Sœur Tobiana	C'est le Saint-Père ! Il s'est réveillé !

Toutes deux se lèvent et se hâtent vers le lit. L'une d'entre elles active une lumière et la chambre s'éclaire complètement, révélant un grand lit dans lequel est couché le pape dont n'apparaît que la tête au milieu des draps blancs. Chacune se porte sur un côté différent du lit.

Jean-Paul II	Ah ! C'est vous, mes chers anges gardiens ! Sœur Tobiana ! Sœur Germana ! Mais où est donc sœur Eufrazya ?
Sœur Tobiana	Sœur Eufrazya est occupée à la correspondance de votre Sainteté. Elle est débordée de travail, suite à l'affreux attentat dont vous avez été victime et elle n'a pu rester avec nous à la polyclinique.
Jean-Paul II	Ah ! Cette chère sœur Eufrazya ! Toujours diligente ! Toujours en règle avec le devoir ! Je la reconnais bien.

Il s'arrête, épuisé d'avoir parlé. Sœur Tobiana prend son pouls et parle doucement au pape.

Sœur Tobiana	Reposez-vous donc ! Ne parlez pas ! Le médecin a recommandé un repos complet. Vous êtes encore très fatigué.
Sœur Germana	Sœur Tobiana ! Notre Saint-Père a-t-il besoin de quelque chose ?
Jean-Paul II	Oui ! J'ai besoin de voir le ciel bleu et de sentir le vent. J'ai l'impression d'étouffer ici. Ouvrez donc la fenêtre en grand !

Sœur Germana va vers la fenêtre qu'elle n' ouvre qu'à moitié.

Acte II, scène 3

Jean-Paul II	Vous voulez donc que j'étouffe sœur Germana ? Vous me désobéissez. Cela n'est pas dans vos habitudes.
Sœur Germana	Pardonnez-moi, Saint-Père. C'est que le vent souffle assez fort. Je crains pour votre santé.
Jean-Paul II	Votre sollicitude vous honore, ma sœur. Mais soyez assez charitable d'accorder à un sursitaire ce qui pourrait être sa dernière volonté.
Sœur Tobiana	Oh ! Ce n'est pas bien de parler ainsi. Vous ne devez pas !
Jean-Paul II	Et vous, sœur Tobiana, je ne vous reconnais pas non plus. Voilà que maintenant vous me donnez des ordres !

Il s'arrête, essoufflé.

Où est donc l'obéissance légendaire de mes braves sœurs polonaises ? Allez-vous m'obliger à vous tancer comme de petits enfants ?

Un sourire éclaire le visage du pape alors que les deux sœurs tombent à genoux au pied du lit.

Sœur Tobiana	Pardon pour notre emportement ! Mais nous avons été tellement effrayées de vous perdre ! Nous avons prié Dieu le Père et son fils sans cesse depuis ce moment atroce où ont retenti les coups de feu.
Jean-Paul II	Je ne doute pas de vos prières et de votre dévouement, mes chères âmes, et je remercie Marie de vous avoir placées sur ma route.

Après quelques secondes :

Vous avez été pour moi la douceur de la vie dans la tâche austère que je devais accomplir.

Sœur Germana	Pourquoi parlez-vous au passé ? Vous êtes en passe de vous tirer de ce mauvais pas. C'est le médecin qui l'a dit.
Jean-Paul II	J'en suis bien content. Mais il faut aussi toujours être prêt. Si c'est le moment que Dieu a choisi pour moi, je serai prêt et je tenais à vous dire toute l'estime que j'ai pour vous et pour tout ce que vous avez accompli pour moi.
Sœur Tobiana	Sachez que nous aussi, nous tenons à vous dire tout le bien que nous retirons de vivre dans votre proximité.
Sœur Germana	Excusez-moi de changer le sujet mais je voudrais savoir ce que vous aimeriez manger tout à l'heure.

Acte II, scène 3

Jean-Paul II	Ah ! Je vous reconnais bien, sœur Germana ! Vous êtes l'égale de Marthe dans la parabole. Mais vous savez, ce que ne dit pas la parabole …

Il fait une pause.

	… et qui s'est probablement produit après que Jésus a gentiment tancé Marthe pour sa préoccupation des soucis matériels, et bien c'est que probablement il a fait honneur au repas qu'elle lui avait préparé. En tout cas, je n'en serais pas surpris.
Sœur Germana	Est-ce qu'un Bortsch vous ferait plaisir ?
Jean-Paul II	Que voilà une bonne idée ! Oui, un Bortsch mais juste avec du chou blanc, sans viande ni betterave rouge.
Sœur Germana	Très bien. Mais alors je ferai aussi un zrazy, des tranches de boeuf cuites à l'étouffée et pour finir un gâteau au fromage blanc, le sernik.
Jean-Paul II	Sœur Germana, vous voulez donc m'enterrer vivant sous un monceau de victuailles ! Les petits plats que vous me faites sont probablement plus dangereux que les balles de mon agresseur.
Sœur Germana	Oh ! Vous exagérez !
Jean-Paul II	S'il vous plaît, n'oubliez pas de me servir une tasse de tilleul au citron sans sucre.
Sœur Germana	N'ayez crainte.
Jean-Paul II	En tout cas, je reconnais avoir un peu d'appétit. Aussi, à la grâce de Dieu !

Sœur Germana sort, tout excitée.

ACTE II

Scène 4

SŒUR TOBIANA, LE CARDINAL RATZINGER, JEAN PAUL II, SŒUR GERMANA

Alors que le cardinal Ratzinger ouvre la porte de la chambre, sœur Tobiana s'avance vers lui.

Sœur Tobiana	Éminence, le Saint-Père se repose. Il ne faudrait pas le fatiguer.
Le cardinal	Je sais, je sais. Mais c'est lui qui m'a fait mander et qui tient absolument à me parler. J'essaierai de ne pas être long.
Sœur Tobiana	Evitez surtout de le faire trop parler. Il lui faut calme et repos.

Le cardinal acquiesce en silence et s'avance dans la chambre à pas discrets. Arrivé près du lit, il le contourne par la gauche, s'avance jusqu'à la tête du pape et murmure :

Le cardinal	Saint-Père, je suis venu à votre demande.

Jean Paul II ouvre les yeux et après un certain temps :

Jean-Paul II	Ah ! Cardinal Ratzinger ! Je veux vous parler. Il faut me dire…

Jean Paul II fait une pause.

Le cardinal	Que voulez-vous savoir, Saint-Père ?
Jean-Paul II	Qui… Qui a tiré sur moi ?
Le cardinal	Les premiers éléments de l'enquête révèlent qu'il s'agit d'un jeune Turc.
Jean-Paul II	Un jeune Turc ?

Il médite quelques instants.

	Oui, bien sûr. Le danger vient toujours de l'est, comme le soleil.
Le cardinal	Il n'a que 23 ans. Il s'appelle Ali et …
Jean-Paul II	23 ans ! Mais… mais c'est un enfant !
Le cardinal	Il est peut-être jeune mais son casier judiciaire est déjà assez lourd. Il s'appelle Ali Mehmet Agça. On sait encore très peu de choses sur lui. Mais commettre un crime de lèse-papauté le met…
Jean-Paul II	Pensez quand même aux affres dans lesquelles il se débat probablement en ce moment !
Le cardinal	Certes, mais vous aussi avez …
Jean-Paul II	Ne parlons pas de moi. Y a-t-il eu des morts ? Des blessés ?
Le cardinal	Pas de morts, mais deux Américaines ont été blessées par balles.

Acte II, scène 4

Jean-Paul II	Comment vont-elles ?
Le cardinal	Leurs blessures sont assez légères. Elles vont donc bien. D'autre part, il semble, que, d'après l'enquête il y ait eu au moins un complice impliqué dans l'attentat.
Jean-Paul II	Un complice ? Ah ! Cela change tout.
Le cardinal	Est-ce que vous avez des soupçons spécifiques ?
Jean-Paul II	Laissons à Dieu et aux hommes le soin de régler cela. Mais parlez-moi de la foule. Y a-t-il eu des mouvements de foule ?
Le cardinal	Non, la foule s'est très bien comportée. En fait, on a assisté à quelque chose d'extraordinaire juste après l'attentat. Il y a eu un léger instant de panique, surtout lorsqu'on vous a évacué prestement vers la polyclinique Gemelli. Puis un grand silence s'est fait sur la place Saint-Pierre. Les milliers de pèlerins semblaient tétanisés. Toute la scène paraissait irréelle. C'est alors qu'une chose à la fois grandiose et fascinante s'est passée : les milliers de pèlerins ont réuni leur peine en un immense sanglot qui s'est élevé de la terre, comme un roulement de roches dures dans un ruisseau de montagne. Ce sanglot s'est peu à peu transformé en un torrent de pleurs qui a tout emporté sur son passage et a fait sauter les dernières résistances des coeurs les plus endurcis. Bientôt, on a vu la place Saint-Pierre noire de pèlerins en pleurs et en prières : on avait l'impression que montait vers le ciel une force tranquille de la grâce, comme un immense geyser, cette assurance qui vient de l'union de la prière. Des milliers de poitrines qui exhalaient le nom de Jésus Christ dans un appel poignant à sa miséricorde, des milliers de bouches qui suppliaient la Vierge Marie d'intercéder pour votre vie, des milliers d'âmes en communion directe avec la vôtre dans cet instant grave où vous étiez entre la vie et la mort. Cette communion universelle émanant de la Ville éternelle, c'était comme une grâce tombée directement du ciel. Et cela a duré toute la nuit, pendant laquelle une foule croissante de Romains a prié place Saint-Pierre. Et cela a continué les jours suivants pendant lesquels ont été célébrées une multitude de messes à votre intention.
Jean-Paul II	Oui, j'ai été porté sur un lit de prières.
Le cardinal	À ce moment-là sur la place Saint-Pierre a soufflé l'Esprit Saint.

Tous deux se taisent, songeurs.

Le cardinal	Saint-Père, je ne veux pas vous fatiguer davantage. Mais avant de vous quitter, je veux attirer votre attention sur un détail qui, je n'en doute pas, va retenir vos pensées.
Jean-Paul II	De quoi s'agit-il donc ?
Le cardinal	L'attentat a eu lieu le 13 mai 1981. Or, le 13 mai est la date anniversaire de l'apparition de la Vierge à Fatima, au Portugal en 1917.

Acte II, scène 4

Jean-Paul II joignant les mains.

Jean-Paul II	Mais oui, c'est vrai ! Oh mon Dieu ! Quelle coïncidence extraordinaire !
Le cardinal	Mais il y a plus. Rappelez-vous la prédiction du secret de Fatima : le texte dit qu'un « évêque vêtu de blanc » tombera au sol et sera abattu par des tirs.
Jean-Paul II	Oui, bien sûr ! Heureusement que le croyant sait que la présence du mal est toujours accompagnée de celle du bien. La présence de la Vierge dans cet événement est la victoire éclatante du bien contre le mal.

Jean Paul II plonge sa tête dans ses deux mains jointes et prie un long moment.

Jean-Paul II	Je comprends tout. C'est Elle. Elle était là. Elle a veillé sur moi. Elle m'a sauvé. Cardinal Ratzinger, faites venir sœur Eufrazya !
Le cardinal	Tout de suite.

Le cardinal sort un instant de la chambre pour transmettre le message et revient près du pape.

Le cardinal	Sœur Tobiana, votre infirmière personnelle, m'a demandé d'écourter ma visite. Aussi, je...
Jean-Paul II	Attendez encore un peu. Il faut que vous sachiez que je prie pour le frère qui m'a frappé et auquel j'ai sincèrement pardonné. Je vais vous demander une dernière chose avant de vous laisser partir. Cardinal Ratzinger, je vous charge d'une mission : vous allez faire parvenir de ma part ce message personnel à ce jeune Turc, Ali : je lui pardonne sincèrement son geste.
Le cardinal	Comme vous le voulez, Saint-Père.

Le cardinal se retire.

ACTE II

Scène 5

JEAN-PAUL II, SŒUR EUFRAZYA

Jean-Paul II	Approchez donc, chère sœur Eufrazya. Il y a longtemps que je ne vous ai vue.
Sœur Eufrazya	Ah ! Saint-Père ! Cela est vrai. Si vous saviez à quel point nous sommes débordés. Les lettres de soutien et d'encouragement nous parviennent par milliers de tous les pays, de tous les continents. C'est un véritable raz-de-marée.
Jean-Paul II	Je pensais bien que vous ne passiez pas le temps à vous divertir.
Sœur Eufrazya	Nous recevons des lettres de sources vraiment surprenantes. La liste serait trop longue à réciter.
Jean-Paul II	N'oubliez pas d'inclure dans nos prières tous ces gens qui se soucient de notre bien.
Sœur Eufrazya	Oui, bien sûr. Nous avons organisé des chaînes de prières par pays et incluons dans nos oraisons toutes les bonnes âmes qui nous montrent leur sympathie.
Jean-Paul II	Je vais vous demander de préparer trois lettres.
Sœur Eufrazya	Je vous écoute, Saint-Père.
Jean-Paul II	On m'a dit que, en dehors de moi-même, deux personnes ont été touchées par les balles tirées lors de l'attentat.
Sœur Eufrazya	Oui, il s'agit de deux Américaines.
Jean-Paul II	Je me sens très proche des deux personnes blessées en même temps que moi. Veuillez leur écrire un mot s'enquérant de leur santé, les assurant de mes prières et les informant de mon désir de les rencontrer lorsque leur état le permettra. Je vous demanderai de me présenter ces lettres pour que je les signe moi-même.
Sœur Eufrazya	Oui, Saint-Père.
Jean-Paul II	Il y a une autre lettre à écrire. Une lettre que je veux aussi envoyer. Mais celle-ci est très spéciale et je veux moi-même vous la dicter avant de la signer de ma main.

Sœur Eufrazya sort un carnet et se tient prête.

Jean-Paul II	En ce jour, je pense fort à vous, et pourtant je ne vous connais pas. Vous non plus ne me connaissez pas et sans doute ne pensiez-vous jamais avoir affaire à moi…

Acte II, scène 5

Le pape fait une pause, cherche ses mots, médite quelque temps. Sœur Eufrazya a l'air intrigué.

Jean-Paul II	Le mystère de la vie est tout entier dans le lien qui nous unit à partir de maintenant…

Le pape se tait, réfléchit un moment.

Jean-Paul II	J'honore en vous la femme qui a enfanté et souffert dans sa chair par sa propre descendance. Cet enfant par qui votre coeur est transpercé de douleur…

Sœur Eufrazya, lève la main tenant la plume. Dubitative, à elle-même.

Sœur Eufrazya	Mon Dieu ! Le Saint-Père écrit à la Vierge Marie !
Jean-Paul II	… a aussi transpercé ma chair…

Sœur Eufrazya écoute, figée.

Jean-Paul II	Il faut l'aimer très fort car il est haï des hommes…
Sœur Eufrazya	Oh ! Mon Dieu !
Jean-Paul II	perdu, seul dans sa prison, Ali est à la recherche d'une direction à donner à sa vie…

Sœur Eufrazya reprend son écriture en émettant un long soupir de soulagement.

Jean-Paul II	Aussi, je vous assure par la présente qu'il ne quittera plus mes pensées et que je prierai Dieu pour lui tous les jours de ma vie. <u>Je prie pour le frère qui m'a tiré dessus et je lui ai sincèrement pardonné.</u>

Le pape s'arrête, prend sa tête entre ses mains et se plonge dans une longue méditation. Sœur Eufrazya se lève en silence, fait un signe de croix et quitte la pièce sans un bruit, en murmurant pour elle-même :

Sœur Eufrazya	Oh ! Mon Dieu ! Merci ! Merci !

ACTE III

Dans la prison de Rebbibia, 2 ans plus tard

Une cellule de prisonnier. On entend, dans le couloir extérieur, le pas pesant d'un geôlier qui fait jouer son trousseau de clés. Soudain, c'est le silence, puis un bruit dans la serrure. La porte s'ouvre. Un homme s'avance dans la cellule.

Scène 1

GEÔLIER, ALI

Geôlier   On est réveillé là-dedans ?

Un grognement répond.

Geôlier   Allez, debout mon ami !

Il s'avance jusqu'à la couche sur laquelle se trouve un corps endormi.

Geôlier   Je t'ai porté quelque chose.

Le corps se met à bouger et lentement le prisonnier émerge de ses couvertures.

Geôlier   C'est le jour des colis. Tu as encore reçu quelque chose de Turquie.

Il plonge la main dans un sac et donne à Ali son colis. Celui-ci regarde le paquet de près.

Ali   Tu veux les timbres, comme toujours ?

Geôlier   Ce serait sympa de ta part.

Ali   D'accord, mais tu te souviens de notre accord ? Tu m'as porté les cigares ?

Geôlier   Bien sûr.

Le geôlier cherche dans son sac et donne à Ali un paquet.

Ali   Ces cigares sont devenus un des rares plaisirs que je peux m'offrir en prison. De plus, ils constituent une belle monnaie d'échange.

Geôlier   Tu vas ouvrir ton paquet ?

Ali défait la ficelle et déchire le papier. Il donne les timbres au geôlier. Ensuite, il ouvre une boîte d'où se dégage une délicieuse odeur.

Ali   Ah ! La senteur de mon pays ! Malatya ! Toute mon enfance est là, dans ce doux parfum d'abricots.

Acte III, scène 1

Il présente la boîte au gardien qui prend quelques abricots dans sa main.

Le geôlier	Tu sais, en Italie nous avons aussi des abricots, mais je dois t'avouer sincèrement que ceux-ci sont supérieurs.
Ali	Je veux le croire. On appelle Malatya, ma ville natale, la capitale mondiale de l'abricot. On en envoie aux quatre coins du monde. Pour moi, l'abricot, c'est comme pour toi, à la fois le Chianti et la pizza !

Tous deux se mettent à rire en dégustant des abricots. Soudain, Ali redevient sérieux.

Ali	La meilleure mort, la plus douce serait celle dont le poison aurait le goût de ces abricots. Ne pas la sentir venir, simplement jouir du goût sucré de ces fruits éclatants.

Le geôlier est décontenancé.

Le geôlier	Que fais-tu ces temps-ci ? Tu écris beaucoup ?

Il s'avance vers la table qui est à l'opposé du lit, contre le mur de la fenêtre.

Ali	Oui. Heureusement que j'ai l'écriture pour passer le temps.

Le geôlier se met à lire des bribes de texte à haute voix.

Le geôlier	Mon terrorisme n'est pas rouge ou noir. Il est rouge et noir. Oh la la ! C'est compliqué ce que tu écris là ! Tu peux m'expliquer ? Vraiment, je ne comprends pas.
Ali	C'est trop compliqué pour toi !
Le geôlier	Trop compliqué ? Ça m'a surtout l'air illogique.
Ali	Si c'est ce que tu penses, c'est donc que tu n'y comprends rien !

Le geôlier se gratte la tête. Il tourne quelques feuilles et lit au hasard du texte.

Le geôlier	Je suis Jésus Christ ! Et ben dis donc ! Ça, je le comprends. Tu y vas fort quand même.
Ali	Pourquoi dis-tu cela ? Tu ne me connais pas. Tu ne sais pas si je suis un gangster, un extrémiste fasciste, un nationaliste turc. On a même dit que j'étais un agent communiste. Et bien moi, je dis que je suis Jésus Christ !
Le geôlier	Écoute : tu aurais dit que tu étais communiste, fasciste ou nationaliste, tout cela j'aurais pu le croire. Mais dire à un vieux catholique comme moi que tu es Jésus Christ, excuse-moi, mais tu me fais doucement rigoler.
Ali	N'oublie pas cependant que quand Jésus Christ est venu la première fois, on ne l'a pas cru. D'ailleurs on l'a si peu cru qu'on l'a tué. Tu es donc comme les autres. Tu ne veux croire que ce que tu vois. Tu ne peux pas comprendre. Ce que j'écris n'est pas réservé à la masse mais à l'élite.
Le geôlier	Oui, mais Jésus est venu pour tout le monde. Et en particulier pour les petits et les pauvres. De plus, il n'est pas venu pour tuer mais pour sauver !

Acte III, scène 1

Ali	Il ne me sert rien de parler avec toi. Tu es entêté et de toute façon je ne cherche pas à te convaincre. C'est toi qui viens fouiner dans mes papiers. Dans le futur, tu verras que ce tu viens de lire t'apparaîtra sous un jour différent.
Le geôlier	Je crains pour toi que ce jour n'est pas demain la veille.

Il se tourne vers la porte puis se ravise.

        Ah, j'oubliais, tu as aussi une lettre. Elle vient de Turquie.

Ali la prend, déchire les timbres de l'enveloppe qu'il donne au geôlier.

Ali	Tiens. Et ne m'oublie pas !
Le geôlier	N'aie crainte.

ACTE III

Scène 2

ALI

Ali, seul, décachette lentement la lettre. Ensuite, il la pose sur son lit et la regarde longuement.

Ali   Je sens, ô ma mère, toute ta tristesse avant même de déplier et de lire ta lettre.

Il prend la lettre et ferme les yeux.

    Je sens aussi tes reproches, quoiqu'ils soient tendres. Ils arrivent jusqu'à moi en douces rafales.

Il ouvre les yeux et commence à lire.

    Mon Ali, tu es et seras toujours mon fils bien-aimé. Tu as été conçu dans l'amour et j'espère qu'un jour tu répandras aussi l'amour.

    Le chemin que tu suis et que tu as choisi est un chemin ardu, escarpé, glissant. Je te vois le suivre avec difficulté. Je m'inquiète pour toi et pense qu'il est maintenant temps que tu le quittes. Oui, il est temps que tu te réformes, que tu changes de direction.

    Je suis ici, avec ton frère et ta sœur. La maison est bien triste non pas tant par ton absence que par le poids qui pèse sur nous trois. En effet, nous vivons dans une sorte d'ostracisme social qui ne porte pas son nom. Les gens nous fuient, nos amis nous évitent au maximum, nous sommes devenus des pestiférés. Ali ! Ali ! Je suis prête à endurer tout cela, mais, je t'en conjure : repens-toi ! Tu peux changer ! Suis le Coran et la voix du Prophète. Je t'embrasse et reste toujours ta mère aimante.

Ali baisse la tête et reste longtemps dans cette position.

ACTE III

Scène 3

ALI, JEAN-PAUL II

Dans la cellule gagnée par la pénombre, le prisonnier se tient allongé sur son lit.

Survient le geôlier qui ouvre la porte. Une forme blanche s'introduit dans la cellule et reste sur le seuil, en silence.

Ali Qu'est-ce qu'il y a encore ? On ne peut pas me laisser tranquille ?

Le prisonnier, pour tout mouvement, fait aller sa jambe qui pend de la couche de gauche à droite. Un long silence se passe. Personne ne bouge.

Jean-Paul II Ali !

Ali Qui m'appelle ?

Jean-Paul II Ali ! Je suis venu !

Ali Mais qui es-tu donc ?

Le prisonnier s'assoit dans le lit. Il cherche à voir le visage du visiteur. Soudain, il se dresse à côté du lit et s'adosse au mur, le plus loin possible de la porte.

Ali Vous ! C'est vous ? C'est bien vous ?

Il s'agite en proie à une grande nervosité. L'autre tend la main dans sa direction.

Jean-Paul II N'aie crainte. Je ne te veux pas de mal !

Ali Mais pourquoi… pourquoi êtes-vous venu me voir, à moi, moi !

Il se couvre les yeux de la main droite.

Jean-Paul II Je suis venu parce qu'il le fallait. Et tu le sais.

Ali Je le sais ? Comment cela ? Non, je ne le savais pas, pas du tout.

Soudain, il s'écroule sur son lit, dans une prostration totale de son corps.

Il ne fallait pas venir. Non, il ne fallait pas.

Jean-Paul II Au contraire, il le fallait absolument. Là-haut, quelqu'un me l'a dit.

Ali lève la tête pour le regarder.

Ali Mais comment pouvez-vous même endurer de me voir ! Moi qui ai voulu, moi qui ai tenté de…, moi qui suis indigne de lever les yeux sur vous.

Jean-Paul II Ne crois pas cela. Si tu connais l'amour divin, tu sais qu'il ne lui est rien d'impossible. L'amour est plus fort que la mort et l'amour est plus fort que la haine.

Acte III, scène 3

Ali	Ce sont là de bien grands mots ! Mais vous devez me haïr profondément !
Jean-Paul II	Je ne suis pas venu pour t'accabler. Je ne suis pas venu pour te jeter la pierre. Je te comprends.
Ali	Vous me comprenez ?
Jean-Paul II	Oui, je crois. Je sens que ton âme est à la recherche de la paix. Et si tu cherches la paix, tu la trouveras. Peut-être pas tout de suite, car la paix est un état fuyant de l'âme.
Ali	Si j'avais été vous, jamais je ne serais venu ou alors je serais venu animé d'un esprit vengeur, prêt à tout.

Ali se lève soudain et se recule, craintif.

	Vous… vous allez me faire du mal, n'est-ce pas ?
Jean-Paul II	Le seul mal que je te souhaite est de trouver l'apaisement. Je veux t'apporter un peu de paix car je sais que tu en as besoin. Je veux que tu penses à toi dans la perspective de la vie éternelle.
Ali	Je crois à la vie éternelle !
Jean-Paul II	Je le sais et c'est bien ainsi. Mais ta quiétude dans la vie éternelle dépendra de ta vie ici-bas, de la maîtrise de tes vieux démons.
Ali	Mais pour ce que j'ai fait, il n'y a pas de remède possible. Je passe mon temps à ruminer sur la façon dont tout cela s'est déroulé. Et il y a une chose qui me trouble par-dessus tout et que je retourne constamment dans mon esprit car je n'arrive pas à la comprendre. Pourquoi ai-je échoué ? Pourquoi ? J'ai accompli tout ce que j'avais à faire, j'ai prêté attention aux moindres détails, j'ai sans cesse mentalement revécu le film des événements avant l'attentat. Jamais je ne me suis impliqué avec autant d'application dans un projet que dans celui-là. Et quel est le résultat de tout cela ? Vous êtes là, devant moi, vivant, vivant… Comment donc est-ce possible ?
Jean-Paul II	Nous ne pouvons jamais contrôler notre vie à cent pour cent.
Ali	Mais j'étais à quelques mètres de vous ! Je voyais le blanc de vos yeux, on pouvait presque se toucher. Je me rappelle très bien que vous étiez parfaitement dans ma ligne de mire quand j'ai appuyé sur la gâchette. À partir du moment où j'ai tiré, pour moi vous étiez un homme mort !
Jean-Paul II	Certaines choses nous sont incompréhensibles. <u>Une main a tiré, l'autre a dévié la balle.</u>

Ali ouvre grands les yeux.

Ali	L'autre ? Quelle autre ? il n'y a rien eu entre la balle et la cible, rien. J'en suis sûr, absolument sûr !

Acte III, scène 3

Jean-Paul II	Je te crois, mais je parle d'une main invisible. Une main qui nous protège durant notre vie, une main, la main de la Vierge Marie.
Ali	La Vierge Marie ? La mère de Jésus ?
Jean-Paul II	Oui, elle-même.
Ali	Et elle aurait dévié ma balle ?

A ce moment-là, Jean Paul II met la main à sa poche.

Jean-Paul II	J'ai porté quelque chose que je veux que tu touches. Quelque chose que tu as déjà touché et qui te permettra peut-être d'exorciser tes démons, afin d'avancer plus facilement sur le chemin glissant que tu suis.

L'autre, craintif, a un geste de recul.

Jean-Paul II	N'aie crainte ! je ne te veux aucun mal !

Il lui tend la main et dépose dans la paume du prisonnier un tout petit objet. Ali s'approche de la fenêtre.

Ali	C'est une balle de …

Soudain, son visage exprime une grande tension, mêlée de terreur.

C'est… c'est LA balle ?

Il se met à trembler de tous ses membres. Il ferme son poing qu'il enserre dans son autre main et se met à psalmodier des mots en arabe. Il s'arrête enfin après un long moment et reste silencieux, à respirer fortement.

Jean-Paul II	Oui, c'est LA balle. Car cette balle est un objet très précieux pour moi dorénavant et je voulais te la montrer. Je vais faire sertir cette balle dans un diadème en or qui couronnera la statue de la vierge de Fatima.
Ali	Fatima ? Je la connais bien moi aussi. C'est la plus jeune fille du Prophète. Et c'est aussi le nom de ma sœur ! Qui est donc cette vierge de Fatima ?
Jean-Paul II	Fatima est un nom important dans ta religion mais aussi dans la mienne. C'est une ressemblance entre nos deux religions qu'il ne faut pas négliger. Ma Fatima n'est pas la même que la tienne.
Ali	Et votre Fatima vous aurait protégé en déviant la balle de mon arme ? Cela me paraît totalement invraisemblable. Vraiment, je ne peux croire à cela.
Jean-Paul II	Mais tu m'as toi-même dit que tu étais sûr de m'avoir touché à mort. Il faut donc trouver une explication surnaturelle à ce mystère. Pour moi, la chose est claire.
Ali	Parlez-moi donc de cette déesse de Fatima.
Jean-Paul II	Elle est venue sur terre pour révéler aux hommes un secret.

Acte III, scène 3

Ali	Un secret ? Quel secret ? Ah ! Dites-le-moi ! Je dois savoir !
Jean-Paul II	Elle avait annoncé que tu allais essayer de me tuer.
Ali	Quoi ? Elle savait ?
Jean-Paul II	Elle savait que tu utiliserais une arme à feu, que je serais touché et tomberais à terre sous les coups de feu. Tu comprends maintenant pourquoi tes balles ne m'ont pas tué. Sa main les a détournées.
Ali	Cette déesse de Fatima,… elle me fait peur.
Jean-Paul II	N'aie pas peur ! Elle ne s'en est pas prise à toi directement. Au lieu de la craindre, tu devrais essayer de la connaître.

Ali reste pensif quelques instants.

Ali	Je veux vous demander une chose. Cela m'est difficile de parler de toute cette histoire, mais je dois savoir : lorsque vous avez été blessé, avez-vous beaucoup souffert ?
Jean-Paul II	Oui, je peux dire que j'ai souffert. Pourtant, je ne suis même plus très conscient de ces instants-là. Cette souffrance physique n'a été que temporaire. En bout de course, elle compte peu car la médecine peut y remédier en grande partie. Je pense plus à la souffrance morale, celle qui détruit l'homme dans sa dignité et qui reste avec lui dans l'autre monde. C'est de cette souffrance-là qu'il convient de parler et dont il faut se soucier.

L'homme en blanc tend la main vers Ali. Ce dernier ne bouge pas. Le pape pose sa main sur l'épaule de son meurtrier qui se raidit un peu.

Jean-Paul II	Mon fils, tu dois penser à ta souffrance morale. Je suis venu te voir pour cela, pour t'aider à t'en débarrasser, à la surmonter, à faire un retour sur toi-même.
Ali	La surmonter ? Mais comment même concevoir une telle chose ? Je me rends compte maintenant de ce que j'ai fait, de l'abîme dans lequel j'ai plongé. Je suis un paria. Oui, un paria ! Personne ne peut m'aider car il n'y a pas de solution.
Jean-Paul II	Ne crois pas cela. Il y a toujours une solution.
Ali	Non, je suis un banni, un exclu, un papicide ! Il n'y a pas d'autre crime plus odieux que celui-là. Il n'y a aucune rémission pour un papicide. Je croyais retirer gloire et reconnaissance de mon acte. Dans mon esprit, les choses me semblaient claires. Je voulais vous tuer, car vous m'apparaissiez comme un obstacle à abattre absolument. Ce que je pensais, beaucoup de gens le pensent aussi dans mon milieu. Pour moi, vous étiez l'émanation du monde occidental. J'ai vécu dans la haine de tout ce que vous représentez. J'ai été grisé par l'effet de contagion, par une sorte d'instinct grégaire qui m'a convaincu que je devais agir, et j'ai accompli cet acte, cet acte terrible, cet acte…
Jean-Paul II	Ali, mon fils, ne te tourmente pas !

Acte III, scène 3

Ali	Je ne peux pas ne pas m'accabler. Le poids de mon acte est trop lourd. J'ai encore à l'esprit l'expression des gens qui m'ont maîtrisé après mon geste. Ils avaient le feu dans le regard, un feu qui me reste constamment à l'esprit. Et en même temps, ils n'ont pas été violents avec moi, ils m'ont maîtrisé mais n'ont pas cherché à me lapider.
Jean-Paul II	Dieu pardonne tout. Jésus lui-même a pardonné à ceux qui l'ont tué.
Ali	Mais Judas ! Il est bien la preuve qu'on ne peut pas se relever de certains abîmes. Votre Judas qui a trahi Jésus n'a pas été racheté et il s'est pendu de désespoir !
Jean-Paul II	Oui, il s'est pendu mais il a refusé de croire dans l'amour de Dieu et dans son pardon. A propos, puisque tu parles de Judas, as-tu pensé qu'il avait aussi une famille, une mère ? Peux-tu imaginer ce qu'a pu souffrir cette femme, à la fois par l'acte de son fils vis-à-vis de Jésus et par celui commis vis-à-vis de lui-même ? Sa mère a vécu un véritable calvaire sur terre.

Jean-Paul II fait une pause afin de bien impressionner Ali par ce qu'il va lui dire.

Jean-Paul II	Toi aussi, tu as une famille. Tu as ta sœur Fatima, tu as un frère et tu as ta mère. Penses-tu un peu à elle, à celle qui t'a donné la vie ? Penses-tu à ce qu'elle vit elle aussi dans son quotidien grisâtre, à cause de ton acte ?

Ali se concentre quelques instants.

Ali	Ah ! Ma mère, oui, ma pauvre mère…
Jean-Paul II	Si tu amènes la paix dans ton coeur, c'est aussi un peu de paix que tu répands sur ta famille.
Ali	Ecoutez, je veux vous dire tout sur mon acte. Je…
Jean-Paul II	Non, ce n'est pas nécessaire. Je sais. Oui, je sais et je ne veux pas en parler. Maintenant, tu dois tout oublier, laisser derrière toi tes idéaux politiques et ne te consacrer qu'aux choses essentielles, à la vie de l'esprit, au salut de ton âme.

Ali reste songeur pendant un long moment.

Ali	Ah ! La politique ! Cet opium du peuple !
Jean-Paul II	La politique est néfaste quand elle dirige toutes les pensées de la vie, mais peut être bonne conseillère quand elle est pondérée par la réflexion spirituelle.
Ali	J'ai cru, j'ai eu la foi dans l'action politique. J'ai cru agir pour le mieux. La haine guidait mon bras.
Jean-Paul II	Il faut que tu transformes cette haine en amour de l'autre. On parvient mieux à ses fins en aimant qu'en haïssant. Aime et tu seras sauvé.
Ali	Être sauvé après ce que j'ai fait ?

Acte III, scène 3

Jean-Paul II	Ecoute, mon fils, je suis venu ici pour te pardonner.

Ali se recule, l'air effrayé.

Ali	Comment ? Me pardonner ?

Jean Paul II tend les deux bras vers Ali qui ne réagit pas. Finalement Ali lève la tête et regarde le pape droit dans les yeux, l'air perplexe.

	Vous me pardonnez ? Pourquoi faites-vous cela ?
Jean-Paul II	<u>Le pardon est une option du coeur qui va contre l'instinct spontané de rendre le mal pour le mal.</u> Aussi, ne crains rien de moi.
Ali	Je n'arrive pas à croire tout cela !
Jean-Paul II	Ali, sache que j'ai beaucoup appris par toi.
Ali	Comment cela ? Non, c'est moi qui apprends maintenant. Vous êtes un homme hors du commun.
Jean-Paul II	Je ne fais que suivre le précepte de mon Dieu. Il a dit qu'il faut aimer ses ennemis. Mais maintenant, je ne te considère pas comme mon ennemi : grâce à toi, j'ai enfin compris le fondement de ce qu'est le vrai amour.
Ali	Et qu'est-ce que c'est ?
Jean-Paul II	C'est la force du pardon total, c'est l'irruption de cette force dans l'esprit, la libération inattendue d'une tension qui peut faire bouger les montagnes. C'est grâce à toi que j'ai réussi à monter à ce niveau de compréhension, et sans toi, j'aurais manqué quelque chose de crucial. Je pense que Dieu t'a envoyé vers moi pour me faire comprendre tout cela. Aussi, je veux te remercier et te donner un message d'espoir : tu es pardonné non seulement par moi, mais aussi par Dieu. À Dieu, rien n'est impossible. Mon fils, tu es maintenant mon frère.

Ali tend le bras pour rendre la balle.

Jean-Paul II	Tu peux garder cet objet. La balle est pour toi, elle est à toi.
Ali	Non ! Je veux la donner pour Fatima. Vous avez dit…
Jean-Paul II	Oui, je sais et j'apprécie ton geste. Mais tu sais qu'il y a eu plusieurs coups tirés et donc plusieurs balles. L'une sera pour Fatima et celle-ci sera pour toi. Je pense que c'est normal et j'y tiens absolument.

Le pape prend les mains d'Ali dans les siennes.

Ali	Pourtant, vous devriez haïr ! Je ne comprends pas. Dites-moi ce qui… Ah !

Ali a un mouvement de recul pendant qu'il approche de ses yeux la main gauche du Saint-Père.

	Mais, qu'est ceci ?

Acte III, scène 3

Jean-Paul II	C'est la trace de la souffrance.
Ali	Mais c'est bien à cause de moi ? C'est la trace de la balle qui vous a touché à la main, une des balles que j'ai tirées sur vous, n'est-ce pas ?
Jean-Paul II	En effet, c'est un souvenir de toi. Tu vois, ainsi je ne t'oublie pas et ne t'oublierai jamais, je te le promets. Tu t'es bien assuré de cela.
Ali	Vous… vous avez beaucoup souffert à cause de moi.

Il passe sa main sur la cicatrice de la main du pape.

Ali	Je sens votre souffrance en touchant le sillon de cette trace.
Jean-Paul II	Cette cicatrice est ce qui m'unit à toi plus fortement même qu'un lien charnel. Ali, tu es mon frère spirituel.

Le pape pose sa main sur l'épaule d'Ali.

Ali	Votre visite va me donner matière à réflexion. Ici, je suis nostalgique de mon pays, de ma ville natale. La prison n'arrange pas les choses, surtout que pendant la première année, j'ai été placé en cellule d'isolement, surveillé 24 heures sur 24, sans aucun contact avec quiconque vu que ma cellule était entourée de cellules vides. Je croyais devenir fou parfois. Ce qui me manque le plus dans ma cellule, c'est la voix du muezzin.

Jean-Paul II fouille dans sa poche. Il en ressort un chapelet de nacre qu'il entoure autour des mains jointes d'Ali.

Jean-Paul II	Je t'ai aussi porté ceci. C'est un chapelet qui sert à prier Marie, la mère de Jésus. Dans les moments difficiles, tu pourras y trouver un soulagement, un soutien. Marie nous enseigne l'amour.

Jean-Paul II se dirige vers la porte qu'il ouvre. Il jette un dernier regard sur son meurtrier, son frère.

Jean-Paul II	Je serai maintenant en pensée avec toi continuellement et je te présenterai à Dieu dans mes prières. Écoute la voix dans ton coeur.

Il ferme la porte. Ali se replie sur lui-même et reste dans une totale immobilité.

ACTE III

Scène 4

ALI

Ali reste immobile pendant de longues minutes. De temps en temps, on entend un soupir s'échapper de sa bouche. Il agite souvent sa tête dans de violents signes de dénégation ou de découragement.

Ali   Ô misère ! Ô désespoir ! Qu'est donc devenue ma vie ? Un champ de ruines, quelques monceaux de braises incandescentes sur lesquelles l'homme qui sort d'ici vient de souffler. Un souffle cinglant, un souffle qui m'a transpercé le corps et le coeur et qui m'a anéanti.

Il marche de gauche à droite, puis de droite à gauche.

Je ressens l'amas des cendres de mes illusions politiques m'oppresser la poitrine. Quelle débauche d'énergie mal canalisée ! Quel gâchis de forces vives mal employées !

Il s'arrête un moment.

Pourtant, s'élève aussi en moi un autre souffle, un appel qui vient de loin, quelque chose d'informulé encore, mais quelque chose qui me prend de l'intérieur et m'émeut comme jamais auparavant.

Il semble réfléchir à quelque chose de spécifique.

Et cela, je le ressens depuis… oui, je crois bien pouvoir le dire sans me tromper, depuis que cet homme du nord, ce commandeur des chrétiens m'a regardé comme… oui, comme si j'étais son frère. Pas la moindre trace de haine dans son regard. Au contraire, même une grande trace de … d'amour.

Il marche de gauche à droite, puis de droite à gauche.

Où puise-t-il cette force surnaturelle qui me dépasse et que je ne comprends pas ?

Ali s'assoit sur sa couche et se recroqueville sur lui-même dans une posture défensive. Son corps se balance d'avant en arrière longuement dans la pénombre qui envahit sa cellule.

ACTE III

Scène 5

LE GEÔLIER, ALI, ADNAN

Bruit de clés. La porte de la cellule s'ouvre à nouveau. On entend la voix du geôlier.

Le geôlier   Encore de la visite. Ali !

Ali se lève tout soudain. Il scrute la porte qui laisse passage à un homme. Ali s'avance vers celui qui vient de rentrer. Après un moment, il s'exclame :

Ali   Adnan ? C'est bien toi ?

Adnan   Et oui, c'est moi !

Ali   Tu n'as donc pas oublié ton frère au fin fond de sa cellule ?

Adnan, ironique.

Adnan   T'oublier ? certes pas !

Il continue sur un ton plus radouci.

Adnan   Tu sais bien que non seulement je ne t'ai pas oublié, mais que la famille entière pense à toi. Ne reçois-tu pas nos colis régulièrement ?

Ali   Bien sûr que oui, et je vous en remercie. C'est un grand plaisir, en ouvrant ces paquets que vous m'envoyez, que de humer l'air de notre Anatolie natale, sentir dans cette geôle les odeurs de nos champs, de nos prés, de notre magnifique nature. Ah ! Les abricotiers, les cerisiers, les noyers de Matalya !

Adnan   Oui, et c'est la saison des récoltes maintenant.

Ali   Les abricots séchant au bord des routes, sur les toits, sur les terrasses, le festival de l'abricot en juillet, et les montagnes ocre foncé, et les combats de lutte traditionnelle turque, et le bon lait de chèvre, le ciel bleu, … Ah ! Que tout cela me manque !

Adnan   Un jour, tu reverras tout cela.

Ils restent tous deux silencieux un moment.

Ali   Et mère ? Comment va-t-elle ?

Adnan   Elle va comme elle peut. Tu te doutes bien que ce n'est pas facile tous les jours pour elle.

Ali   Parle-moi d'elle !

Adnan   Pour tout te dire, c'est à sa demande que je suis ici. Moi-même ne voulais pas vraiment venir.

Ali baisse la tête.

Acte III, scène 5

Ali	Tu me juges.
Adnan	Oui, et je ne peux pas m'en empêcher.
Ali	Tu en as le droit. Je ne revendique ni ton assentiment ni ton soutien.
Adnan	Mère est anxieuse et souffrante.
Ali	Elle est malade ?
Adnan	Elle souffre d'une maladie de l'âme, une maladie incurable par la médecine des hommes.
Ali	Que veux-tu dire ?
Adnan	Ta mère est en état de dépression permanente. Elle n'a plus goût à la vie et n'aspire qu'à partir.
Ali	Il faut qu'elle réagisse ! Ecoute-moi, quand …
Adnan	Non, toi écoute-moi ! Tu n'as pas l'air de te rendre compte de beaucoup de choses. Ne vois-tu pas que cet état de mère est dû essentiellement à tes agissements, et en particulier à l'acte insensé que tu as commis ? Elle qui t'a élevé dans les préceptes de notre religion, dans le respect du Coran, elle n'arrive pas à croire qu'elle a enfanté un être capable d'un tel méfait.
Ali	Mais peux-tu, toi, essayer de comprendre ce qui…
Adnan	Comprendre ? Comment pourrais-je comprendre ce que tu as fait ? Dans le cas présent, rien ne peut justifier cet attentat. Le fait que le pape ne soit pas musulman ne te donne aucun droit sur lui. Tu n'as pas à reconnaître son autorité, pas plus que tu n'as le droit de le mépriser ainsi, de désirer l'anéantir.
Ali	Le pape est un produit de l'Occident qui mine les valeurs de notre société musulmane !
Adnan	Le pape est un homme de paix. Cela, tu ne peux pas le contester, et cette seule raison te rend, à mes yeux, coupable. Ton aveuglement fanatique n'apporte que ruine et désolation et amène sur toi-même la damnation.
Ali	Je vois que tu ne peux pas comprendre certaines choses. Il y a des réalités supérieures que beaucoup ne voient pas.
Adnan	Tu vis dans un monde dépassé. Les valeurs auxquelles tu te raccroches sont désuètes. Le monde change à très grande vitesse. Le Christianisme et l'Islam ne sont pas en phase : l'un est devenu tolérant – au risque de paraître apathique – alors que l'autre, plus dynamique, apparaît souvent sous les traits du fanatisme et de l'intolérance. C'est ce dynamisme qu'il faut canaliser.

Acte III, scène 5

Ali — Adnan, mon frère ! Je vois que tu ne comprends pas la mutation actuelle. Le monde change, oui. Mais tu ignores la confrontation qui pointe à l'horizon. Nous sommes menacés de mort lente par la perte de nos valeurs. Nous sommes en danger d'être occidentalisés et de perdre notre identité. La menace se fait plus réelle. L'Occident nous colonise un peu plus chaque jour, et il nous impose son dictat économique qui influence en profondeur nos mentalités. C'est ainsi qu'il compte nous conquérir. Il n'y a que l'action radicale qui puisse nous permettre de nous protéger.

Adnan — Peut-être as-tu raison. Mais pas en ce qui concerne le pape. Beaucoup de Musulmans rejettent tes idées et tes actes. Tu es le produit d'une très petite minorité qui se fourvoie complètement.

Ali semble soudain se désintéresser de la conversation. Il devient songeur, prend sa tête entre ses mains.

Ali — Adnan, je veux te dire quelque chose que personne d'autre ne sait. À toi, mon frère, je veux le dire.

Il fait une pause afin de rassembler ses idées.

Tout ce que nous disons maintenant ne compte presque plus pour moi. Ne crois pas que j'essaie de donner le change, de m'en sortir par une pirouette comme, parfois, tu m'as accusé d'agir et de paraître en totale contradiction avec moi-même. Mais il y a un nouvel élément que tu ne connais pas, une chose qui m'empêche d'être serein et qui est une énigme pour moi. J'ai beau la retourner dans tous les sens, je bute constamment sur un point d'interrogation. Si j'avais la réponse à cette énigme, …

Adnan — Qu'est-ce donc ?

Ali — C'est en rapport avec mon attentat contre le pape… Je n'arrive pas à comprendre pourquoi je n'ai pas réussi dans ma tentative, pourquoi mon acte n'a pas été couronné de succès.

Adnan — Tu retombes encore dans tes fantaisies. Tu ferais mieux de te préoccuper de choses plus édifiantes que cela, mon frère.

Ali — Non, tu ne me comprends pas. Écoute-moi jusqu'au bout. Il m'a parlé d'une déesse, la déesse de Fatima.

Adnan — Qui t'a parlé ?

Ali — Le pape. Il prétend que s'il n'est pas mort, c'et parce cette déesse l'aurait protégé contre moi. Maintenant, cette déesse, je pense à elle constamment. Elle m'obsède et elle me fait peur. Tu comprends, toi que je puisse avoir peur, ici, au fond de ma cellule ? Alors, ne me dis pas de me préoccuper de choses plus édifiantes car pour moi, c'est ici que réside le coeur de tout. Ne vois-tu pas cela ? Ne vois-tu pas que là réside le secret de toute ma vie ?

Acte III, scène 5

Il continue après un moment de silence.

        Mon échec remet tout en question. Je ne sais où je suis. Je ne sais où je vais. Mais je vois maintenant où j'étais.

Adnan reste silencieux quelques instants.

Adnan   Ali, ce que tu me dis est vraiment nouveau. Tu as souvent été incohérent dans ta vie. J'espère que de tout ceci, tu vas trouver une voie claire à suivre. Je ne t'ai jamais entendu dire que tu avais peur de quiconque. Peut-être es-tu en train de changer et de réorienter les buts de ta vie dans une autre direction. Tu peux découvrir les valeurs de l'amour, de la tolérance, de la coexistence pacifique. Tu trouves tout cela dans le Coran. Voilà ce qui te manque et peut te transfigurer. Ali, je prierai pour toi.

Adnan s'approche de son frère qu'il prend par les épaules. Les deux se regardent longuement.

        Et pense à nous aussi !

Adnan sort.

ACTE IV

Au Vatican, 24 ans plus tard

Scène 1

Dans le bureau du pape

SŒUR EUFRAZYA, JEAN-PAUL II

Sœur Eufrazya est affairée à chercher quelque chose sur un bureau couvert de documents et de lettres. Le pape est assis sur un fauteuil, à droite de ce bureau vers lequel il est légèrement tourné. Il est voûté et paraît fatigué. Sa main est agitée d'un tremblement nerveux continu.

Sœur Eufrazya   Que de courrier ! Que de courrier ! Ah ! Voici la missive du nonce du Brésil. Il y aussi une lettre du cardinal Lustiger qui demande audience et… Voyons, où est passée cette lettre que vous attendez ? Je l'ai vue tout à l'heure, elle ne doit pas être bien loin.

Elle continue à remuer la paperasserie sur le bureau. Enfin, elle brandit une enveloppe.

Sœur Eufrazya   Voilà la lettre de la prison Rebbibia.

Jean-Paul II dont le visage vient de reprendre une expression plus vive acquiesce lentement. Il se masse la main gauche à l'endroit de la cicatrice de la balle de l'attentat.

Jean-Paul II   Ah ! C'est sûrement une lettre de la part de mon frère spirituel, mon cher Ali.

Sœur Eufrazya lit l'adresse de l'expéditeur.

Sœur Euphrazya   Oui, c'est bien de lui ! Vous sentez-vous d'attaque pour que je vous la lise ?

Jean-Paul II   Bien sûr, ma sœur, bien sûr !

Sœur Eufrazya se saisit d'un ouvre-lettres avec lequel elle décachette l'enveloppe.

                 Sœur Eufrazya, je vous écoute.

Le pape clôt les yeux et joint les mains dans un mouvement de concentration. Sœur Eufrazya prend une longue inspiration et commence sa lecture.

Sœur Eufrazya   Je vous contacte aujourd'hui pour vous apporter mon soutien dans votre maladie. Je vous ai vu à la télévision et les bruits qui courent sur votre état de santé indiquent que vous êtes gravement atteint. Ce que je n'ai pas réussi à faire, le temps se charge de l'accomplir. Comme quoi il ne sert à rien de se presser, tout vient à qui sait attendre…

Acte IV, scène 1

Jean-Paul II	Ah ! Ce garçon a une façon de dire les choses, à la fois si réaliste et si ironique. Je reconnais bien là son esprit. Continuez ma sœur !

Sœur Eufrazya, les sourcils froncés, reprend sa lecture.

Sœur Eufrazya	Ne prenez pas mal ce que je viens d'écrire. Je me suis peut-être laissé un peu emporter, mais vous savez que vous êtes la personne qui m'a défié jusque dans mes convictions les plus profondes, dans mes certitudes les plus ancrées. Vous avez ébranlé mon assurance et depuis lors, j'ai l'impression de flotter à contre-courant. Maintenant que je vous vois ainsi diminué, je ne peux m'empêcher de penser à mon acte contre vous et me demande dans quelle mesure les séquelles de vos blessures lors de l'attentat que j'ai commis sont la cause de la détérioration actuelle de votre corps. Il est certain que mon agression y est pour quelque chose. Mais cette idée-là ne m'apporte aucune joie, au contraire. Tout cela m'apparaît aujourd'hui sous l'angle de la vanité.

Après une courte pause, sœur Eufrazya continue.

    Savez-vous que j'ai beaucoup lu en prison ? Et aussi beaucoup écrit.

Jean-Paul II	la vie de l'esprit ! Il a fait le bon choix.
Sœur Eufrazya	Vous avez été une source d'inspiration pour moi pendant toutes ces années. J'ai souvent écrit sous l'influence de votre personnalité et, vous savez quoi ? Je me suis intéressé à votre religion. Oui, c'est vrai. D'ailleurs, en lisant l'Apocalypse, j'ai été frappé et j'ai senti à quel point cet évangéliste avait raison. Aussi, je tiens à vous annoncer une grande nouvelle : la fin du monde est pour bientôt !

Sœur Eufrazya s'arrête de lire.

Jean-Paul II	Et bien continuez ma sœur ! Qu'est-ce que vous avez ? Vous êtes surprise ? Vous savez bien que Jésus Christ doit revenir un jour sur terre !
Sœur Eufrazya	Oui, bien sûr ! Mais cela émanant de la bouche de cet Ali me met mal à l'aise.
Jean-Paul II	Que nenni, que nenni ! Dans un monde comme le nôtre où tout un chacun y va de sa prophétie, il n'est pas vraiment surprenant que lui, en particulier, se sente un besoin de s'exprimer aussi.

Après une pause.

    Mais cela ne veut pas dire qu'il faut y ajouter foi.

Sœur Eufrazya, avec un air de soulagement sur le visage.

Sœur Eufrazya	Oui, vous avez raison.
Jean-Paul II	Veuillez continuer !
Sœur Eufrazya	Je tiens donc à vous transmettre mes meilleurs vœux dans l'épreuve que vous traversez. Je pense à vous et prie Allah de vous soutenir dans vos souffrances et de vous donner la force.Quant à l'espérance, je sais que vous l'avez en abondance et ne me soucie pas de cela pour vous.
Jean-Paul II	C'est tout de même un brave garçon. Nous allons lui répondre.

Sœur Eufrazya écrit sous la dictée du pape.

>Cher Ali, je te remercie pour ta lettre qui m'a touché. Si tu sens venir la fin du monde, je prie pour que tu t'y prépares car tu es aussi concerné que tous les autres.

Après quelques secondes.

>Pour moi, c'est aussi la fin, mais la fin de ma vie qui va me permettre de rejoindre mon Dieu et mon Sauveur. Une fois là-haut, je ne t'oublierai pas et prierai pour ton âme. Quant à ton corps, ta conduite exemplaire en prison et le jeu des remises de peine semblent indiquer que prochainement tu pourras recouvrer la liberté. Ce dont je me réjouis énormément pour toi et les tiens.

Jean-Paul II, essoufflé, fait une pause, puis reprend.

>A ce sujet, je tiens à te signaler que j'ai rencontré ta mère et ton frère Adnan, tous deux de bien braves gens. Ils ont été marqués par les errances de ta vie : ta mère en a beaucoup souffert et ton frère en a été très affecté. Je te demande de penser encore et toujours à eux et d'agir dorénavant non pour toi mais pour le bien de ta famille.

Nouvelle pause du pape.

>C'est autour de soi qu'il faut rayonner, auprès de ceux qui nous sont chers. Si nous aimons tous nos proches, il y aura beaucoup moins de misère dans le monde. Il me semble qu'il est temps que tu fasses un effort sur toi-même.

Il médite quelques secondes.

>Nous n'avons tous qu'une mère. Tu as la chance d'avoir encore la tienne. Éclaire donc la fin de sa vie par ta conduite. Ainsi donc, je te laisse avec un seul mot à méditer : réconciliation.

Épuisé, Jean-Paul II s'affaisse dans son fauteuil. Sœur Eufrazya se lève et sort de la pièce en silence.

ACTE IV

Scène 2

JEAN-PAUL II, LE CARDINAL RATZINGER

Jean-Paul II est endormi dans son fauteuil. Le cardinal s'approche de lui et s'assoit dans un fauteuil en face du pape. Il attend. Finalement le Saint-Père a un léger mouvement et semble s'éveiller.

Le cardinal   Saint-Père ! Saint-Père, m'entendez-vous ?

Le pape ne bouge pas et le cardinal attend encore en silence. Au bout d'un moment, il repose sa question.

        Ne m'entendez vous pas ?

Il se lève et s'approche du pape à le toucher. Jean-Paul II a alors un petit mouvement brusque qui fait sursauter le cardinal.

Jean-Paul II   Et bien, Éminence ! Pensiez-vous que j'étais mort ?

Le cardinal, troublé.

Le cardinal   Oh non ! Simplement je voulais voir si vous dormiez.

Jean-Paul II   Le moment de mon dernier sommeil n'est guère éloigné.

Le cardinal baisse la tête et ne dit mot.

        Éminence, l'approche de la mort n'est pas effrayante pour un chrétien. J'aspire à partir, à entrer dans la gloire du Royaume. La charge que j'ai assumée est devenue trop lourde pour moi. Il faut un nouveau pape qui saura faire face aux nouveaux défis de notre époque.

Après un moment, le pape continue.

        Savez-vous, Éminence, quel est, dans mon pontificat, l'événement qui me laisse le plus doux souvenir ?

Le cardinal   Je ne saurais deviner. Il y en a tant que je pourrais citer.

Jean-Paul II   Je vais vous le dire. Et peut-être allez-vous en sourire. Ce fut un jour de bénédiction urbi et orbi. J'étais sur le balcon donnant sur la place Saint Pierre, l'endroit d'où je bénis la foule. Il faisait beau, le ciel était bleu et les colombes tourbillonnaient à leur habitude dans l'air. Et soudain, vous rappelez-vous ? Le Saint-Esprit m'a fait un signe, une colombe est venue se poser légèrement sur mon épaule pour quelques courts instants. Cela n'était jamais arrivé. J'ai été transporté, exalté par cette manifestation évidente de l'Esprit Saint qui se rappelait à moi, à nous tous. Ce fut un grand moment de communion divine.

Acte IV, scène 2

Le cardinal	Effectivement, je m'en rappelle très clairement et tout le monde avait été bien surpris de cet événement hors du commun.
Jean-Paul II	Éminence, Nous sommes dans une phase de l'Histoire où les événements sont en train de se réaliser. Je suis sur le départ. Je vois un monde qui change très vite, je sens une tension qui se durcit entre l'Orient et l'Occident, entre l'Islam et le Christianisme. Le prochain pape aura sûrement fort à faire avec l'explosion de ce phénomène qui, j'en ai bien peur, sera brutale.
Le cardinal	Chaque époque a son défi. Votre pontificat a dû faire face à la menace du communisme. Grâce à vous, l'Église a pu terrasser ce danger.
Jean-Paul II	Oui, une idéologie athée qui réduisait l'homme à l'état d'esclave. Mais voici que maintenant, après le communisme se dresse l'islamisme. Vous savez, Éminence, pour garder bon cap dans la tempête, il faut constamment garder à l'esprit que, dans un monde qui change, comme sur un bateau qui tangue, Dieu, la terre vers laquelle on se dirige, ne bouge pas.
Le cardinal	Oui, l'absolu seul peut nous amener à bon port et à ne pas dérouter.

Jean-Paul II a un spasme et son visage grimace de douleur.

Le cardinal	Dois-je appeler ?
Jean-Paul II	Non ! La souffrance m'a été d'une grande aide, notamment depuis l'attentat de 1981 et aussi au cours de mes dernières années. Elle m'a aidé, avec la prière, à conduire l'Église du Christ vers son troisième millénaire. Avant de rejeter ou de nier la souffrance, il faut la comprendre et parfois l'accepter comme une épreuve divine et un don nécessaire.

Après un moment, Jean-Paul II continue.

Jean-Paul II	Il y a un autre souvenir qui m'est très cher. Un souvenir qui se rappelle constamment à moi dans la morsure de ma chair, qui m'a fait goûter les affres de la mort, les lancinements de la douleur, l'âpreté de la vie.
Le cardinal	Et quel est-il ?
Jean-Paul II	C'est l'épisode à la fois douloureux et revigorant qui m'a fait connaître mon frère spirituel. Ce qui est extraordinaire dans cette affaire est que cet homme qui a voulu me tuer, jamais je ne me suis senti aussi près de quelqu'un que de lui. Le lien qui nous unit est un lien … à la fois charnel et spirituel.
Le cardinal	Que voulez-vous dire ?

Acte IV, scène 2

Jean-Paul II	Lui et moi, nous avons transcendé, dans une certaine mesure, la dimension relationnelle qui existe entre deux êtres inconnus l'un à l'autre. Par cet acte extraordinaire, Ali a fait irruption dans ma vie aussi sûrement que moi dans la sienne par le fait que je ne suis pas mort. La qualité du lien qui nous unit ne devait pas être, et c'est cela qui en fait à la fois l'exceptionnelle solidité et l'indicible étrangeté.
Le cardinal	Je n'avais jamais envisagé les choses sous cet angle.
Jean-Paul II	Pour ma part, il y a longtemps que je pense à tout ceci. Ali ne me connaissait pas personnellement. C'est ce qui fait que le lien qui existe entre nous maintenant est plus fort que tout. Ah ! J'aimerais tant que le monde comprenne cela, qu'il voie que ce qui m'unit à Ali est un lien symbolique entre deux hommes de religions différentes, mais un lien qui rapproche et qui ne divise pas. J'aimerais, mais peut-être n'est-ce qu'un rêve, oui j'aimerais que l'épisode d'Ali dans ma vie puisse servir à prouver à tous les fanatismes religieux que la violence ne résout jamais rien et à désamorcer les tensions entre religions. La force de l'amour prévaut toujours car, comme il est dit dans la Bible, l'amour est plus fort que la mort.
Le cardinal	Oui, mais cependant Ali ne s'est jamais excusé auprès de vous.
Jean-Paul II	Peut-être bien, mais je ne le lui ai jamais demandé et ne m'attendais même pas à ce geste de sa part. Cette décision est du seul ressort de sa conscience. S'il ne l'a pas fait, c'est peut-être plus parce qu'il est désemparé qu'endurci. Je crois aussi qu'Ali n'a jamais compris comment il a atterri en prison, persuadé qu'il était de pouvoir s'échapper après son forfait. Sa vision sur la vie en a été profondément modifiée.
Le cardinal	Oui, et tout cela grâce à cette incroyable religieuse qui était à côté de lui lorsqu'il a tiré. C'est elle qui l'a empêché de fuir en s'accrochant à son bras. Elle a fait tomber l'arme et a hurlé jusqu'à ce que les carabiniers arrivent et capturent Ali.
Jean-Paul II	Cette courageuse sœur Letizia, par son acte est non seulement responsable de la capture d'Ali mais peut-être aussi du fait qu'il ait survécu.
Le cardinal	Que voulez-vous dire ?
Jean-Paul II	Ali en fuite aurait été un témoin clé gênant pour ses commanditaires qui avaient sans doute projeté de l'éliminer immédiatement pour l'empêcher de parler. Non seulement sœur Letizia a réussi à capturer le tueur mais également à lui sauver la vie.
Le cardinal	Les voies du Seigneur sont impénétrables !

Acte IV, scène 2

Jean-Paul II — Et si Ali a eu la vie sauve par l'intervention d'une simple religieuse, peut-être était-il écrit qu'il devait vivre. Il sait et il sent ce que je sais et ce que je sens. Une entente pareille est plus forte que tout. Il faudrait que cette entente entre lui et moi puisse être vue et sentie par nos deux communautés chrétienne et musulmane, afin que les gens voient et croient que nous sommes en réalité frères, et tous descendants d'Abraham. Nous sommes donc appelés à nous aimer les uns les autres.

Après quelques instants de silence.

Cardinal Ratzinger, lorsque le nouveau pape aura été choisi, il aura une tâche immense et j'espère que vous serez appelé à jouer un rôle important auprès de lui comme vous l'avez fait auprès de moi.

Le cardinal s'incline sans un mot.

Je veux, je dois vous dire encore une chose importante. Vous souvenez-vous, en 1978, lorsque le primat de Pologne, le cardinal Wyszynski est allé en Allemagne, dans votre patrie ? Je me souviens encore de ses mots très forts qu'il a adressé à votre nation : « Nous sommes des voisins ayant une vieille histoire commune… Avec la haine, on ne peut rien construire… »

Le pape fait une pause.

Chacun de nous deux appartient à l'une de ces deux nations : vous êtes allemand, je suis polonais. Et pourtant vous et moi sommes arrivés entre nous à ce que le cardinal Wyszinski a appelé de ses voeux, à ce que les évêques polonais ont aussi affirmé en 1965 dans une lettre célèbre aux évêques allemands, cher Cardinal Ratzinger, et qui reste mon voeu le plus cher avant de partir : que les hommes se pardonnent les uns aux autres !

Il se tait, essoufflé. Le cardinal met un genou à terre.

Et maintenant, je sens mes forces me quitter.

Il se soulève un peu sur son lit.

Cardinal ! Quand on est un vrai chrétien, il faut savoir …

Il se tait un moment pour reprendre son souffle.

Il faut arriver à …

Il parle avec difficulté.

Oui, que le poids du pardon, en écrasant la frustration intérieure de l'homme libère l'âme de cette gangue affreuse de la culpabilité ! En réalité, il faut …

Après quelques instants, le pape continue.

…il faut savoir recevoir le pardon de l'autre mais aussi et surtout arriver à lui donner le pardon.

Jean-Paul II retombe en arrière, mort. Le cardinal s'agenouille et se met à prier.

ACTE IV

Quelques jours plus tard, au Vatican.

Scène 3

KLAUS, HANS

Deux gardes suisses, hallebarde à la main, gardent l'entrée de la basilique Saint-Pierre. Le catafalque de Jean-Paul II est installé dans la nef centrale, à la croisée du transept. Les pèlerins entrent dans la basilique en une longue procession pour lui rendre un dernier hommage.

Klaus — Quelle foule ! Quelle foule ! Voilà des heures et des jours que le flot ne cesse de couler. On dirait que Rome est devenu l'océan vers lequel convergent tous les cours d'eau.

Hans — Tu as bien raison ! Je n'ai encore rien vu d'aussi impressionnant au Vatican. Il n'y a jamais eu autant de drapeaux. Tant de pays sont ici représentés. C'est unique. Et pourtant, des foules il y en a eu ici, je peux te l'assurer.

Klaus — Moi, je les ai vues à la télévision jusqu'à cette année, avant de prendre mon poste dans la garde. Mais ceci dépasse tout ce qu'on pouvait même imaginer.

Hans — Je me demande simplement ce que cela va changer.

Klaus — Tu veux dire ce qui va changer ici, à Rome ?

Hans — Non, je pense plus loin, au niveau mondial. Ce pape était le pape international par excellence. Il n'a eu de cesse de porter la bonne nouvelle aux quatre coins du monde. Son influence est et va continuer à être énorme. Mais maintenant qu'il est parti, que va-t-il vraiment se passer ?

Klaus — Il est évident que prendre la relève d'un tel géant ne sera pas chose aisée.

On entend des rumeurs de foule qui scande des slogans : Santo subito ! Santo subito !

Hans — La foule n'est pas satisfaite. Elle veut plus. Elle veut faire de Jean-Paul II un saint !

Klaus — Oui, cette ferveur est inhabituelle et incroyable.

Santo subito ! Santo subito !

Certains la dénigrent et parlent de papolâtrie.

Hans — Papolâtrie ! Quel mot ! Et surtout, quel manque de perspective !

Klaus — Que veux-tu dire exactement ?

Hans   Je sais qu'il est dur de sentir l'importance réelle d'un événement au moment où il se passe. Mais moi, je sais, je sens que ce pape et ce pontificat sont quelque chose d'extraordinaire dans la longue lignée des successeurs de Saint Pierre. Et nous sommes en train de vivre les derniers moments de cette ère fantastique.

Santo subito ! Santo subito ! Santo subito !

ACTE IV

Scène 4

Dans un bureau du Vatican

LE CAMERLINGUE, SŒUR EUPHRAZYA

Le camerlingue	Voilà la Ville éternelle orpheline de son évêque !

On entend un coup à la porte.

Entrez !

La porte s'ouvre et apparaît sœur Eufrazya.

	Ah ! Sœur Eufrazya ! Arrivez-vous à vous organiser ? J'imagine que vous devez avoir un travail énorme à abattre.
Sœur Euphrazya	Ah ! Éminence ! Nous sommes assaillis, débordés, inondés par une marée discontinue de messages de condoléances qui arrivent de partout. Parfois, nous sommes contactés par des sources tout à fait inattendues.
Le camerlingue	La popularité de notre Saint-Père n'avait pas de limites et l'on s'en rend bien compte aujourd'hui.
Sœur Euphrazya	À propos, maintenant que vous êtes l'autorité suprême au Vatican en attendant le résultat du prochain conclave, je tenais à vous entretenir d'un sujet particulier. Il s'agit d'un aspect touchant à la vie personnelle de Jean-Paul II.
Le camerlingue	De quoi s'agit-il donc ?
Sœur Euphrazya	Le pape entretenait une correspondance spécifique très spéciale avec le jeune fanatique qui a voulu le tuer sur la place Saint-Pierre.
Le camerlingue	Ali Mehmet Agça ?
Sœur Euphrazya	Oui, c'est exact.
Le camerlingue	Vous voulez dire que Jean-Paul II continuait à s'intéresser de près à cette âme égarée ?
Sœur Euphrazya	Il s'intéressait particulièrement à lui. Ils s'écrivaient très peu, mais le contact a toujours subsisté entre eux.
Le camerlingue	Vraiment ?

Acte IV, scène 4

Sœur Euphrazya	Vous souvenez-vous les mots de Jean-Paul II, quelques jours après l'attentat ? Il a dit : « Je pardonne au frère qui m'a frappé. » Dans cette réplique admirable, certains ne voient qu'un réflexe automatique que le pape, de par sa position, ne pouvait pas ne pas avoir. Cela revient, à mes yeux, à dénaturer et déprécier ce que le pape a fait. Il ne faut cependant pas oublier que le pape était aussi un homme qui a profondément souffert dans sa chair. Aussi je pense que cette phrase dans sa bouche, alors que le pistolet de l'attentat n'avait pas encore refroidi, est une preuve de la profondeur spirituelle de cet homme qui a su se sublimer, en dominant sa nature humaine pour parvenir à suivre l'exemple magnifique du Christ.
Le camerlingue	Oui, Jésus aussi a pardonné à ceux qui l'on tué. Sur la Croix, n'a-t-il pas prié le Père en lui demandant de pardonner à ceux qui le crucifiaient ?
Sœur Euphrazya	Oui. Mais le parallèle ne s'arrête pas là : les décides ne savaient pas ce qu'ils faisaient, selon Jésus, et donc ce dernier leur a octroyé son pardon sans que les offenseurs ne le demandent.
Le camerlingue	Oui, ce fut un pardon total, libre de toute entrave psychologique, de tout calcul idéologique. Ce fut le don du pardon.
Sœur Euphrazya	Et bien, pour revenir au papicide, Ali Mehmet Agça non plus n'a pas demandé pardon à Jean-Paul II. Même lorsque ce dernier lui a rendu visite dans sa prison deux ans après l'attentat, Ali n'a pas ouvert son coeur, il est resté en retrait de la grâce. Et pourtant, le pape, à cette occasion, lui a donné son pardon de vive voix.
Le camerlingue	Oui, ce fut là un grand geste de la part de Jean-Paul II qui a suivi l'exemple de Jésus.
Sœur Euphrazya	Parfois, je me demande ce qui s'est passé dans la tête de cet Ali. Mais ce qui demeure le plus énigmatique pour moi est la relation qui s'est instaurée par la suite entre le pape et son meurtrier. Ils ne s'écrivaient pas souvent, et de toute façon le pape était très pris par sa charge, mais je sais, de par ma fonction, qu'Ali tenait une place spéciale non seulement dans l'esprit du pape, mais également dans son coeur.
Le camerlingue	Je dois vous avouer qu'en de rares occasions, je me suis posé la question du rapport existant entre les deux.
Sœur Euphrazya	Sans doute vous souvenez-vous que Jean-Paul II appelait Ali son frère spirituel. N'est-ce pas là un signe intrigant, un signal fort ?
Le camerlingue	Cela est dans le droit fil de la volonté de fer du pape qui s'efforçait de mettre dans ses relations une empreinte personnelle.

Acte IV, scène 4

Sœur Euphrazya — Et bien, pendant 24 ans, le pape aura suivi l'évolution de son frère spirituel. Je soupçonne qu'il espérait en secret une repentance, un geste, voire une conversion de ce frère pour qui il a donné son pardon et pour qui il n'a cessé d'oeuvrer.

Le camerlingue — Ma sœur, je vois que vous aussi vous intéressez de très près à tout ceci.

Sœur Euphrazya — C'est que, dans mon rôle, j'étais un peu obligée de me tenir au courant de ce qui se passait entre eux. Et parfois, quoique en de très rares occasions, le pape m'en a aussi directement parlé.

Le camerlingue — Heureux celui qui possède le don du pardon !

Sœur Euphrazya — Je veux croire que ce don produit des effets positifs à terme.

Le camerlingue — Espérons que la grâce touche le coeur d'Ali. Mais pour revenir à ce que vous vouliez me dire au début de cet entretien au sujet d'Ali Mehmet Agça, de quoi s'agit-il ?

Sœur Euphrazya — Et bien, voilà. Nous avons reçu une lettre de la prison Rebbibia. Elle provient d'Ali car je reconnais son écriture sur l'enveloppe. Or, elle est adressée, comme les précédentes, au Saint-Père. Je ne l'ai donc pas ouverte. Elle attend depuis quelque temps en souffrance. Je voulais vous en parler et vous laisser l'initiative de la décacheter et de la lire vous-même.

Le camerlingue — Une lettre de lui ! Maintenant ! C'est troublant.

Le cardinal réfléchit quelques instants.

Nous n'avons d'autre choix que de l'ouvrir. Je vais donc vous demander de la lire à haute voix.

Sœur Euphrazya ouvre l'enveloppe, déplie la lettre et commence sa lecture.

Cher frère spirituel,

Elle regarde le cardinal et, après une pause, reprend :

Cher frère spirituel,

Je suis consterné. Je viens d'apprendre votre mort et je me sens orphelin. Vous ne serez plus là pour lire cette lettre lorsqu'elle arrivera au Vatican, mais où que vous soyez alors, je sais qu'elle vous atteindra.

C'est la première fois que j'écris à un mort. Chose très inhabituelle, mais dans notre relation, tout n'a-t-il pas été inhabituel ? Et maintenant, je sens un grand vide dans ma vie. Vous n'êtes plus là, vous qui avez focalisé presque exclusivement mes pensées pendant toutes ces années. Ce n'est qu'aujourd'hui que j'aperçois la vacuité de mon action, la vanité de mon passé, le mal que j'ai semé.

Acte IV, scène 4

Certes, je ne suis toujours pas ce que la société attend. La morsure du remords ne fait pas de ma vie un enfer. Mais je commence à questionner le bien-fondé du chemin que j'ai suivi, et je commence aussi à regretter, oui à regretter certaines choses.

À l'occasion de ce triste événement, je voulais assister à vos funérailles mais les différentes permissions de sortie que j'ai demandées ont été rejetées. Cela ne m'étonne pas, car le système carcéral ne connaît pas ce qu'est le sentiment et se moque de ce qui se passe dans les coeurs.

Si je vous parle de tout cela, c'est parce que je sais que vous, si vous aviez été en mesure de décider d'une telle chose, et bien vous auriez tout fait pour que j'assiste à un tel événement. Et même sans doute l'auriez-vous souhaité ! Car nul ne sait ce que nous ressentons l'un pour l'autre. Et nul ne sait ce que vous m'avez fait découvrir.

Si d'autres que vous lisent ces lignes, je veux que ces gens sachent ce que personne n'a encore su jusqu'à maintenant. J'ai appris à vous aimer et je vous pleure maintenant comme je pleurerai mon frère de sang si c'était lui qui avait disparu.

Allah vous a mis sur ma route. Pourtant, je n'ai pas encore saisi pourquoi. Parfois, je pense que j'aurais préféré ne jamais avoir croisé votre route car au moins, avant notre rencontre, avais-je conscience d'exister par moi-même. Par la suite, j'ai senti la dépendance envahir petit à petit ma vie, d'abord dans mon corps, par la prison, puis dans mon esprit par le questionnement incessant, ce que je ne connaissais pas avant.

Vous avez continué votre chemin sans dérouter, avec la ferme assurance de vos convictions. Pour moi, ce fut le contraire : je suis entré dans une période de doute systématique. Et ce doute continue. M'en débarrasserai-je jamais ?

Je ne fais pas confiance aux hommes pour me laisser venir à vos funérailles. Ils ne me jugent pas sincère. Pourtant, s'il est une chose qui jaillit du plus profond de moi, c'est bien le sentiment d'être proche de vous encore une fois.

Maintenant que vous êtes parti, il ne nous reste plus que la communication spirituelle. Puisse-t-elle être féconde, au moins pour moi ! Car vous, avec votre Dieu, n'avez besoin de rien d'autre.

Comme je vous disais au début de cette lettre, je me sens orphelin. Et je peux vous dire qu'il n'est pire sentiment que de désirer la présence de celui qu'on a voulu tuer. Oui, j'ai voulu vous tuer, et cela m'a fait vous aimer.

De longues secondes s'écoulent. Le cardinal relève la tête et regarde sœur Euphrazya qui a les yeux fermés dans une pose de recueillement.

Acte IV, scène 4

Le camerlingue	Que voilà une lettre lourde de sens !
Sœur Euphrazya	Elle est à l'image du rapport qui a existé entre ces deux hommes.
Le camerlingue	Leur rencontre n'était peut-être pas fortuite après tout.
Sœur Euphrazya	Dois-je répondre à cette lettre ?

Le cardinal s'abîme dans une profonde réflexion.

Le camerlingue	Non ! Ali sait que le pape n'est plus. Il a écrit cette lettre sachant qu'aucune réponse ne pouvait réellement venir de lui. Répondre serait faire irruption dans un domaine qui leur appartient en bien propre, ce serait briser la beauté du lien qui le relit au pape. Non, vraiment, le mieux est de le laisser continuer à explorer seul les méandres de l'au-delà spirituel.

Le camerlingue fait quelques pas et relève lentement la tête.

Et maintenant, il faut transmettre le flambeau.

ACTE IV

Scène 5

LE CAMERLINGUE

Le camerlingue Adieu, cher Jean-Paul II ! À Dieu nous nous verrons ! Tu n'es déjà plus rien ici-bas. Les scellés sont apposés sur tes appartements privés.

Il sort de sa poche un objet qu'il regarde sous toutes ses faces.

Ton « anneau du pêcheur » n'a plus force de loi. Bientôt il sera brisé lors de la réunion des cardinaux et ton pouvoir temporel sera réduit à une bouffée de vent. Moi-même qui te remplace en l'attente de ton successeur ne suis rien qu'un falot de transit, un grain de poussière. Tout ici-bas s'enfuit. Mais au moins toi, tu as su imprimer de ta marque ton pontificat et maintenant que tu nous as quittés, ton influence va perdurer. Ton successeur vivra, à n'en pas douter, dans ton ombre.

Il fait quelques pas.

Il ne sert à rien de s'attendrir indûment. Le pape ne l'aurait pas voulu. Il faut se secouer.

Il fait un grand signe de croix.

Il faut maintenant se tourner vers le conclave. Un pape est mort, un autre naît. L'Église ne meurt pas, l'Église est éternelle.

ACTE V

Au Vatican, quelques jours plus tard

Scène 1

BENOÎT XVI, LE CAMERLINGUE

Le camerlingue	Habemus papam ! La période intérimaire du conclave est finie. Est venu le moment de me retirer.
Benoît XVI	Oui, la cheminée du Vatican a rendu son verdict. La fumée blanche a fait s'ouvrir à nouveau la porte de la chapelle Sixtine. Je dois dire que c'est avec un peu d'appréhension que j'ai vu déverrouiller cette porte.
Le camerlingue	Je vous comprends un peu mais la vie de l'Église doit reprendre son cours. Vous devez maintenant oublier la barrette cardinalice.
Benoît XVI	Comme Jean-Paul II l'a dit lui-même, la papauté est une « très lourde croix, la croix de toute l'Église, la croix de l'humanité tout entière, de toutes ses tensions et ses périls ».
Le camerlingue	Certes, mais c'est grâce à ses convictions profondes qu'il a su porter cette croix jusqu'au bout. Il est certainement bien heureux de vous voir sur le trône de Saint-Pierre. En tant que Président de la Congrégation pour la Doctrine de la Foi, vous partagiez avec lui la même vision pure de la marche de l'Église. Vous saurez tenir ferme le cap et éviter les écueils de la théologie déviante. Et c'est cela le principe qui vous guidera dans votre rôle de pape.
Benoît XVI	C'est exact que nous partagions cette même vision. Cela me réconforte et me donne une certaine assurance. Pour moi, le moment est venu de mettre mes pas dans les traces de mon prédécesseur. Il a montré la voie et venir après lui est un honneur.
Le camerlingue	Il a préparé le terrain pendant 26 ans, 5 mois et 17 jours. Un des plus longs règnes depuis Saint-Pierre.
Benoît XVI	Jean-Paul II fut en fait Jean-Paul le Grand. Il est déjà à la fenêtre du Père céleste.
Le camerlingue	C'est à n'en pas douter. A vous donc maintenant de guider l'Église par une doctrine de la foi pure et vraie et par un renforcement de la morale chrétienne.
Benoît XVI	Oui, car cette morale est chahutée dans le monde d'aujourd'hui. Peu à peu se constitue une dictature du relativisme qui ne reconnaît rien comme définitif et qui ne retient comme ultime mesure que son propre ego et ses désirs. L'Église doit combattre cette dictature.

Acte V, scène 1

Le camerlingue	Chaque époque a son cancer. Jean-Paul II a combattu le communisme. Vous savez maintenant où est votre ennemi. Le relativisme est un ennemi pernicieux qui se glisse dans l'esprit, souvent à son insu.
Benoît XVI	Oui, la lutte sera longue et difficile.
Le camerlingue	Jean-Paul II aussi a lutté ferme. Il a fait montre d'un courage exceptionnel, qu'il a puisé dans ses forces vives pour combattre les ennemis de son époque.
Benoît XVI	Cette force, il l'a trouvée dans le pardon.
Le camerlingue	Comment cela ?
Benoît XVI	Nul homme n'a jamais autant demandé pardon que notre vieux pape slave. Pensez-y : à mesure que le Jubilé de l'an 2000 approchait, il s'est senti investi d'une mission de repentance, et il s'est repenti au nom de l'Église catholique pour les fautes passées. Rappelez-vous : qu'a-t-il fait à propos des torts causés aux Protestants ?
Le camerlingue	Il a demandé pardon.
Benoît XVI	Qu'a-t-il fait concernant la passivité de l'Église face au nazisme ?
Le camerlingue	Il a demandé pardon.
Benoît XVI	Pour les massacres d'Indiens d'Amérique ?
Le camerlingue	Il a demandé pardon.
Benoît XVI	Pour les abus sexuels causés par certains membres du clergé ?
Le camerlingue	Il a demandé pardon.
Benoît XVI	Pour l'épuration ethnique des aborigènes australiens ?
Le camerlingue	Il a demandé pardon.
Benoît XVI	Pour les divisions entre Églises chrétiennes ?
Le camerlingue	Il a demandé pardon.
Benoît XVI	Pour la passivité face aux persécutions et à l'holocauste des Juifs ?
Le camerlingue	Il a demandé pardon.
Benoît XVI	Pour la participation des Chrétiens aux guerres ? Pour la condamnation de Jean Hus ? Pour les conflits sur l'orthodoxie ? Pour la contribution de l'Église au rôle marginal et inférieur des femmes dans la société ? Pour tout cela et pour bien d'autres causes, il a toujours demandé pardon !
Le camerlingue	Il lui a fallu beaucoup de courage pour entreprendre cette démarche difficile et périlleuse.

Acte V, scène 1

Benoît XVI	Oui, et il a diligemment et solennellement présenté le cas des erreurs commises par l'Église devant tous ceux qu'elles avait offensés, car il voulait faire du Jubilé de l'an 2000 l'apothéose de ce mouvement profond de retour sur soi, à nul autre pareil. En quittant le XXe siècle, ce siècle de douleurs, n'a-t-il pas dit : « A la fin de ce IIe millénaire, nous devons nous livrer à un examen de conscience : où sommes-nous ? Où le Christ nous a-t-il conduits ? Où avons-nous dévié de l'Évangile ? »

Il se tait un moment.

	Oui, où avons-nous dévié de l'Évangile ? Ces mots dans la bouche du pape ont de quoi glacer n'importe quel chrétien. Mais pour lui, on ne pouvait faire face à cette effarante réalité incontestable qu'en allant vers les offensés et en leur demandant pardon. La demande de pardon lave, la demande de pardon cicatrise, la demande de pardon apporte la paix. Et les premières années du IIIe millénaire se sont vraiment déroulées sous le signe de la repentance.
Le camerlingue	C'est là le plus beau cadeau que Jean-Paul II a légué à son Église.
Benoît XVI	Jean-Paul II avait une certaine fascination pour la repentance. Je me souviens par exemple en 1967, lorsqu'il voyageait en Autriche, il s'est recueilli sur la tombe du roi Boleslaw le Hardi. Or ce roi était l'assassin du grand saint polonais Stanislaw de Szczepanow. Mais ce n'est ni le roi, ni l'assassin que le futur pape honorait : c'était le saint que ce roi était par la suite devenu, par une transformation profonde suite à une repentance sincère pour ses méfaits.

Il fait une courte pause puis reprend.

	Certes, même s'il n'a pas toujours été compris, Jean-Paul II travaillait en fait sans cesse à son objectif principal : la purification de la mémoire par la demande sincère de pardon pour permettre à l'Église de poursuivre sa mission au IIIe millénaire, forte d'avoir reconnu ses déviations et ses erreurs du passé par un examen de conscience systématique et approfondi unique en son genre. En se tournant vers le passé, le pape préparait l'avenir. L'Église peut à présent, comme par le passé, revendiquer l'universalité. Elle s'est mise en règle avec sa conscience.
Le camerlingue	Il a en effet bien préparé le terrain.
Benoît XVI	Mais Jean-Paul II n'a pas fait que demander pardon. Il a également su le donner. Et l'exemple le plus frappant, celui qui a clairement montré qu'il était on ne peut plus sincère est celui dans lequel il a été directement et personnellement impliqué.
Le camerlingue	Vous faites allusion à l'attentat de 1981 ?

Acte V, scène 1

Benoît XVI — Exactement. Souvenez-vous qu'il a pardonné à son meurtrier avant même sa sortie de l'hôpital, quelques jours à peine après l'affreux événement !

Le camerlingue — En cette occasion, il a certainement surpris beaucoup de monde et montré une grande force morale.

Benoît XVI — Oui, et c'est précisément cet événement qui m'interpelle plus que tout autre. En effet, il a octroyé son pardon sans que celui-ci soit demandé. Il a pu, il a réussi à surmonter ses sentiments personnels d'aversion, de vengeance, de haine, pour celui qui avait voulu le tuer ; il a sublimé tout cela en un amour indéfectible pour son prochain.

Le camerlingue — On ne peut guère imaginer une meilleure démonstration de l'attitude de la présentation de l'autre joue. Pour comprendre son geste, il suffit de méditer sur cette magnifique pensée qu'il a dite : « l'homme qui pardonne ou qui demande pardon comprend qu'il y a une vérité plus grande que lui. »

Benoît XVI — J'ai même poussé mon analyse de tout cela plus loin. Fort étonné, dans un premier temps, de la profondeur et de la magnitude que Jean-Paul II montrait au sujet de la repentance de l'Église, j'en suis arrivé à développer une théorie qui me semble expliquer totalement le cheminement de notre ancien pape.

Le camerlingue — Et à quoi avez-vous donc abouti ?

Benoît XVI — Que Jean-Paul II ne serait jamais arrivé à promouvoir et à assumer la repentance de l'Église catholique sans être passé d'abord par l'attentat de 1981.

Le camerlingue — Expliquez-vous !

Benoît XVI — Voyez-vous, l'octroi du pardon et la demande de pardon sont comme les deux faces d'une même pièce. L'acte du pardon implique à la fois offenseur et offensé : tous deux y trouvent généralement la paix. Jean-Paul II avait en fait à la fois le don du pardon et le don de la demande du pardon. Le premier, il l'a magnifiquement démontré lors de l'attentat en pardonnant à son meurtrier alors qu'il était encore dans les affres de la douleur physique. Pour moi, c'est là le signe fort qui me fait comprendre le désir subséquent de repentance du pape : en manifestant d'une manière extrême le don du pardon à celui qui l'avait frappé et qui ne demandait même pas pardon, Jean-Paul II a tout donné et il a senti la paix s'installer en lui, une paix salvatrice qui adoucit tout et change totalement l'optique de l'offensé. Nul doute que cette transformation qu'il a vécue dans sa propre chair en tant qu'offensé, il l'a sans nul doute analysée et probablement est-il arrivé à la prise de conscience de la souffrance de tous les offensés qui ont souffert des errements de l'Église au cours des siècles et qui attendent de la part de celle-ci un geste de réconciliation, une parole propre à leur apporter à eux aussi la même paix. Aussi a-t-il agi dans le but de prévenir de futurs maux en stigmatisant les erreurs passées et en cicatrisant les douleurs

Acte V, scène 1

	toujours présentes. Il a ainsi répandu sur tous ces offensés un baume de paix dont jouiront tous ceux qui accepteront ce don du pardon.
Le camerlingue	Voilà une théorie qui tient parfaitement la route et qui éclaire d'une lumière magnifique l'acharnement de notre pape à demander pardon.
Benoît XVI	Il a bien dû souffrir sous le poids d'un tel fardeau. Sans parler des oppositions farouches qu'il a dû affronter à l'intérieur même de l'Église.
Le camerlingue	Oui, cela a dû être véritablement lancinant et prodigieux à la fois.
Benoît XVI	Il avait compris que la paix ne pouvait s'obtenir sans la demande de pardon et le don du pardon. Notre époque a un besoin incommensurable de paix, et donc elle nécessite une présence tangible du pardon.
Benoît XVI	Il a aussi dit qu'il n'y a pas de paix sans justice, ni de justice sans pardon. Demander pardon, c'était réparer les torts causés et donc introduire cette notion de justice. Ce qui le chagrinait le plus, était la discorde entre églises chrétiennes. Pour lui, nous ne pouvions rester ainsi divisés entre chrétiens.
Le camerlingue	Aussi s'est-il évertué inlassablement à panser les blessures et à combler le fossé existant entre les communautés chrétiennes.
Benoît XVI	Le pardon qu'il a accordé en son propre nom à Ali, il l'a réclamé au nom de l'Église à tous ceux que cette dernière avait offensés.

Acte V, scène 2

ACTE V
Scène 2

BENOÎT XVI, SŒURS EUPHRAZYA, TOBIANA ET GERMANIA

Sœur Euphrazya	Saint-Père, merci de nous accorder audience.
Benoît XVI	C'est bien naturel. Je vais d'ailleurs profiter de votre présence pour vous dire que nous vous sommes tous reconnaissants du dévouement, de l'ardeur et du zèle que vous avez toutes manifestés au service de Jean-Paul II.
Sœur Euphrazya	Nous vous remercions de votre remarque. Nous sommes venues ensemble aujourd'hui pour vous annoncer notre décision de rentrer en Pologne.
Benoît XVI	Oui, j'ai entendu parler de votre départ et je souhaite que votre retour se fasse dans les meilleures conditions possibles.
Sœur Euphrazya	Nous rejoignons notre congrégation de Cracovie. Notre pays a besoin de nous maintenant que notre raison d'être à Rome n'est plus.
Benoît XVI	La brave Pologne peut s'enorgueillir d'avoir des enfants telles que vous.
Sœur Euphrazya	Notre brave pays a besoin de toutes ses énergies pour s'adapter au nouvel ordre mondial qui existe depuis la chute du mur de la honte. Nous serons plus utiles là-bas qu'ici.
Benoît XVI	Oui, repartez dans votre patrie. On n'est, ici-bas, nulle part mieux que dans son pays natal.
Sœur Euphrazya	De plus, là-bas, nous serons plus près de Jean-Paul II en vivant sur sa terre natale, là où il a acquis, glané et puisé tout ce qu'il devenu. Jean-Paul II, tout en étant un pape on ne peut plus universel est toujours profondément resté polonais.
Benoît XVI	Je ne saurais vous contredire sur ce point.
Sœur Euphrazya	À Rome reposent son corps et son esprit, en Pologne résident son coeur et son âme.
Benoît XVI	Qu'il en soit donc ainsi pour les siècles des siècles.
Sœur Euphrazya	Avant de vous quitter, nous voulons vous souhaiter d'avancer sur votre chemin en étroite harmonie avec l'Esprit Saint et nous prierons pour que ce dernier vous éclaire durant votre pontificat.
Benoît XVI	Je vous en remercie et je prierai à mon tour pour votre retour et votre réintégration dans votre pays.
Sœur Euphrazya	Saint-Père, nous souhaitons recevoir votre bénédiction.

Elles s'agenouillent devant lui alors qu'il élève la main et bénit les religieuses.

ACTE V

Scène 3

HANS ET KLAUS

2 gardes suisses en uniforme complet et hallebarde à la main veillent sur l'entrée du Vatican.

Klaus	Hans, je compte sur toi pour m'aider dans mon service. Je suis tout nouveau comme tu le sais.
Hans	Ne t'en fais pas. Je ne l'oublie pas, ni non plus le fait que s'occuper de toi fait partie de mon travail.
Klaus	Tu es ici depuis près d'un quart de siècle. Tu as une vaste expérience, tu as vécu deux conclaves et surtout tu as vécu l'attentat du pape, ce qui, outre le fait de ton ancienneté, te confère une autorité naturelle.
Hans	Oui, et lors de cette funeste journée de 1981, je n'étais pas plus expérimenté que tu ne l'es aujourd'hui.
Klaus	Loin de moi le souhait de vivre des événements comparables !
Hans	En fait, je dois dire que j'apprécie beaucoup le fait que Beat, un ancien garde de l'époque, ait été avec moi pour m'aider et me soutenir. Ce fut une période très difficile.
Klaus	J'ai plusieurs fois entendu parler de lui.
Hans	Je me souviens encore du jour où Beat nous a quittés. Il m'a pris à part car, comme nous faisions souvent la garde ensemble, nous étions devenus amis. Il m'a souhaité bonne chance d'un air très grave, pas du tout avec le ton que l'on utilise normalement dans de telles occasions. Il partait en retraite, il aurait dû être joyeux, enjoué, enfin assez optimiste. Mais non, il a dit cela avec l'air de quelqu'un qui a la prémonition de troubles à venir.
Klaus	Tout va tellement vite aujourd'hui. Je le comprends un peu.
Hans	Il a été très secoué par cette affaire de l'attentat et ne s'en est jamais complètement remis. Mais je soupçonne qu'il faisait allusion moins au problème propre de la Garde pontificale qu'à l'évolution générale de la situation mondiale qui, malheureusement, ne semble guère s'améliorer.
Klaus	En une génération, les choses ont changé radicalement. À propos de l'attentat de 1981, as-tu lu la presse de cette semaine ?
Hans	Je n'ai pas encore eu le temps mais je sais ce dont tu veux me parler.
Klaus	Eh bien oui, je fais allusion à cette libération incroyable du papicide.

Acte V, scène 3

Hans — Je suis aussi interloqué que toi. Cette libération m'a pris de court et me dépasse complètement. Libérer quelqu'un après un tel crime, voilà qui a de quoi surprendre !

Klaus — Si j'étais Ali Mehmet Agça, je ferais comme Judas.

Hans — Le suicide ?

Klaus — Le suicide. Quelle différence y a-t-il vraiment entre Judas et Ali ? L'un est déicide, l'autre papicide. Entre eux, il n'y qu'une différence d'intensité, mais le geste, dans les deux cas, est une atteinte au sacré.

Hans — Dans le passé, les meurtriers politiques n'avaient pas la chance d'Ali.

Klaus — À qui penses-tu ?

Hans — Je pense par exemple à ce Damien qui avait essayé de tuer Louis XV d'un coup de couteau et n'avait fait que le blesser légèrement. Ils n'ont pas été tendres avec lui : ils lui ont enfoncé des tenailles dans les bras, les cuisses et les seins ; ils ont brûlé sa main droite qui avait tenu le couteau avec du souffre ; puis sur les endroits meurtris par les tenailles, ils ont versé de l'huile bouillante, de la cire et du soufre, tout cela fondu ensemble.

Klaus — Quel supplice !

Hans — Oui, mais le pire est à venir : ils ont ensuite attaché ses quatre membres à quatre chevaux et il a été écartelé vif. Enfin, son corps devant être réduit à néant, ses membres ont été brûlés, réduits en cendre avant d'être dispersés par le vent.

Klaus — Voilà une époque où l'on ne badinait avec les crimes de lèse-majesté !

Hans — En réalité, ce traitement était monnaie courante autrefois. Ainsi, Ravaillac, le meurtrier d'Henri IV avait lui aussi eu droit à un traitement semblable, un siècle et demi plus tôt. Dans son cas cependant, outre le fait qu'il avait subi les mêmes tortures atroces que Damien, la sanction s'est aussi étendue à sa famille : ses parents ont dû partir en exil.

Klaus — Ses parents ?

Hans — Oui. Et en plus, un édit à été promulgué qui interdisait à quiconque dans le royaume de se nommer Ravaillac. Ainsi l'opprobre était complet.

Hans — Il est certain que notre époque tranche avec de tels agissements. Enfin, tu te rends compte ? Relâcher le meurtrier du pape !

Klaus — Cela montre à quel point la loi est relative à l'époque où elle est appliquée.

Acte V, scène 3

Hans	Je ne suis pas pour faire souffrir indûment les méchants, fussent-ils même des criminels comme ce Damien ou d'autres. Mais je trouve que dans le cas d'Ali, la clémence est disproportionnée à l'acte. De plus aujourd'hui, avec les moyens de communication, un renégat comme lui jouit de la tribune inespérée que lui offrent les media, et on assiste en fait comme à un spectacle où le méchant n'apparaît pas si méchant que cela, mais plutôt comme un pauvre homme égaré qui a besoin de compassion avant tout.
Hans	Oui, notre époque est devenue bien trop tendre par certains aspects. Bien souvent, le méchant reçoit plus d'égards et de préventions que la victime.
Klaus	Comme les choses sont relatives ! Vérité en deçà de telle époque, erreur au-delà !
Hans	Je me demande comment aurait réagi Jean-Paul II à cette libération.
Klaus	Jean-Paul II est d'un autre calibre que le commun des mortels. Il se mouvait dans un monde différent, dans un au-delà. Sans doute nous aurait-il surpris par sa vision sainte des choses. Lui qui avait déjà pardonné à Ali après l'attentat aurait sans doute été plus que prêt à lui donner une seconde chance.
Hans	Ce que tu dis est fort possible, mais quant à moi, je dois sincèrement confesser que je n'aurais pas eu cette force de caractère.
Klaus	C'est bien ce qui différencie un homme commun et un géant comme notre ancien pape.
Hans	Oui. Jean-Paul II a bien l'étoffe d'un saint.

ACTE V

Scène 4

BENOÎT XVI, UN CONSEILLER

Le conseiller	Saint-Père ! Je viens vous faire part d'une nouvelle importante parue dans la presse de ce jour.
Benoît XVI	De quoi s'agit-il ?
Le conseiller	Et bien, cet Ali Mehmet Agça, le meurtrier de notre regretté Jean-Paul II, vient d'être libéré ce matin de prison.
Benoît XVI	Effectivement c'est une nouvelle importante mais qui ne concerne pas le Vatican.
Le conseiller	Mais, tout de même…
Benoît XVI	Comprenez-moi bien. Tout ce qui se rapporte à cet homme est désormais l'affaire de César. Je suis persuadé que Jean-Paul II serait de mon avis, lui qui aurait très probablement été heureux pour Ali de cette chance qui s'ouvre à lui de donner une nouvelle orientation à sa vie.
Le conseiller	Sans doute Jean-Paul II aurait-il accueilli cette nouvelle avec joie.
Benoît XVI	Quant à nous, nous avons des chantiers autrement plus importants qui nous attendent à l'orée du IIIe millénaire.
Le conseiller	Mais ne voulez-vous pas tout de même réagir officiellement à cette annonce ?
Benoît XVI	Non. Laissons s'accomplir la justice des hommes et prions simplement pour le futur d'Ali. Jean-Paul II nous a montré la voie en pardonnant à son offenseur son geste. Il ne reste plus qu'à suivre cet exemple. Laissons le pardon de Jean-Paul II accomplir son oeuvre sans aucune interférence de notre part.
Le conseiller	Comme vous voudrez.
Benoît XVI	Je dois m'attacher maintenant aux affaires de l'Église et à la plus urgente d'entre elles : je vais lancer le procès en béatification de Jean-Paul II.
Le conseiller	Vous allez vraiment faire cela ?
Benoît XVI	Oui, j'ai décidé l'ouverture de son procès en béatification, même si je sais que cette annonce paraîtra à certains un peu rapide. Mais à homme exceptionnel, décision exceptionnelle.
Le conseiller	Que voilà une bonne nouvelle !
Benoît XVI	L'Esprit Saint m'a fait comprendre qu'il fallait aller dans cette voie.

Acte V, scène 4

Le conseiller	La ferveur populaire ne pourra que plébisciter votre décision.
Benoît XVI	Il est des évidences qu'un aveugle même percevrait. Et celle-là en est une.
Le conseiller	Le XXIe siècle commence donc par une annonce très encourageante.
Benoît XVI	Jean-Paul II a suivi une courbe incroyablement riche. Dans les derniers temps, il a beaucoup souffert : il ne pouvait plus voyager, il ne pouvait plus marcher, il ne pouvait même plus parler. Il était dépouillé de tout. Et pourtant, il a continué à se donner entièrement jusqu'à la fin.
Le conseiller	D'autre part, comme l'a proclamé Mgr Dzwisz, l'archevêque de Cracovie, Jean-Paul II a contribué à une transformation fondamentale du monde. Pour cette raison l'histoire le qualifie déjà de 'Grand'.
Benoît XVI	Cela ne fait que me confirmer dans la décision que j'ai prise. Et que la volonté de Dieu soit faite !

ACTE V

Scène 5

BENOÎT XVI, UN GROUPE DE PÈLERINS POLONAIS

Benoît XVI est en recueillement devant la tombe de Jean-Paul II à qui il s'adresse. Sur le côté, un groupe de pèlerins polonais prie à genoux.

Benoît XVI Vous y voilà enfin, au seuil de la vraie vie ! Vous êtes donc parti, nous laissant orphelins de votre charisme envoûtant. La vague de ferveur religieuse qui a accompagné votre départ et qui a submergé Rome et le monde entier vient de rendre plus fort encore le silence qui retombe maintenant sur le Vatican.

Il se tourne vers les pèlerins polonais.

Chers frères et sœurs, nous sommes devant le dernier des géants du XXe siècle. « Peut-être le plus grand homme du XXe siècle» a même dit Henri Kissinger. Jean-Paul II avait une aura inégalée, il a laissé son empreinte aux quatre coins de la planète. Entraînant dans son sillage ses légions de pèlerins, il a changé le monde, renversé des dictatures, écrasé des idéologies malsaines. Les grands sont unanimes dans le concert de leurs éloges à son égard. Par la seule parole de l'Évangile, il a bougé des montagnes et défait le mal où qu'il l'ait trouvé. Votre compatriote, mes chers amis polonais, fut un grand pape qui, pour faire triompher la Parole, a donné jusqu'à son sang. Aussi peut-on sans hésitation citer à son endroit la phrase *sanguis martyrum semen christianorum*. N'est-ce pas admirable que ce soit dans la ville même où les premiers chrétiens ont été martyrisés, où Saint-Pierre a été crucifié, que Jean-Paul II est lui aussi tombé sous les coups du fanatisme aveugle auquel il a failli succomber ?

Le pape se retourne vers le tombeau.

Souvent il m'a parlé de cette étrange rencontre avec son meurtrier. Cet événement l'a profondément marqué et je ne suis pas sûr que l'on ait compris l'impact de cet attentat sur sa vie qui en a été tout simplement transformée et qui l'a lui-même transfiguré. Il l'a fait rentrer dans le sens profond de la vie chrétienne qui enjoint d'aimer ses ennemis, de les traiter comme soi-même. Jean-Paul II a réussi à toucher le côté sublime du christianisme, il a pardonné sans la moindre hésitation, il a pardonné dans l'instant où il a été touché, il a pardonné et il s'est donné à son ennemi, il a pardonné sans rémission, sans arrière-pensées, puis, fort de ce don du pardon, à son tour il a demandé pardon pour l'Église.

Il se penche en signe de respect vers le tombeau.

Et maintenant, il n'est plus ici. Le pape est mort ! À l'orée du XXIe siècle s'annonce un temps nouveau. A la période noire de son départ a pourtant succédé la fumée blanche, symbole du renouveau.

Il s'avance jusqu'au tombeau qu'il touche de la main droite.

A la mondialisation de la haine doit répondre l'universalité de l'amour. Jean-Paul II était prêt pour affronter cet immense défi de notre époque contemporaine. Il était prêt car il avait senti dans sa chair l'aiguillon de la faute et il en avait extrait le poids du pardon. Il a donc montré le chemin à l'humanité : pardonner et ne jamais regretter le bien que l'on a fait.

Il se met à genoux, appuie sa tête sur le marbre blanc du tombeau et commence à prier.

Notre père qui êtes aux cieux, que votre nom soit sanctifié, que votre règne vienne, que votre volonté soit faite sur la terre comme au ciel. Donnez-nous aujourd'hui notre pain de ce jour, pardonnez-nous nos offenses comme nous pardonnons à ceux qui nous ont offensés…

Benoît XVI s'arrête quelques secondes puis reprend.

Oui, Seigneur, pardonnez-nous nos offenses comme nous pardonnons à ceux qui nous ont offensés…